인간적인
죽음을
위하여

88세 노인의 마지막 인생
22일 동안의 호스피스 이야기

인간적인 죽음을 위하여

지은이 | 유성이
발행일 | 초판 1쇄 2023년 1월 16일
발행처 | 멘토프레스
발행인 | 이경숙
교　정 | 유인경
인쇄·제본 | 한영문화사
등록번호 | 제2-4394호 등록일 | 2006년 5월 2일
주소 | 서울시 강서구 마곡 중앙1로 72, 오피스 M타워 6층 605호
전화 | (02)2272-0907 팩스 | (02)2272-0974
이메일 | mentorpress@gmail.com memory777@naver.com
홈피(블로그) | www.mentorpress.co.kr

ⓒ 유성이 2023
ISBN | 978-89-93442-64-9(03330)
값 13,800원

인간적인
죽음을
위하여

88세 노인의 마지막 인생
22일 동안의 호스피스 이야기

유성이 지음

 메디 프레스

'아버지'와 '도미니코' 두 분의 마지막 삶과 죽음은
충분한 의미와 가치를 남겼다.

추천사

생의 말기를 지내는 환자를 돌보는 모습이 담긴 이 책은 '돌봄'의 의미와
가치에 대해 우리에게 많은 것을 가르쳐 줍니다

정재우(가톨릭대학교 생명대학원장)

요즘 '웰다잉'에 대한 관심은 많지만, 이를 위한 본인의 선택에만
관심이 있을 뿐, 진정으로 생의 말기를 인간답게 지내기 위한 돌
봄이나 환경에 대한 이야기는 적은 듯합니다. 오히려, 돌봄은 성가
시고 고생스러운 것, 마지못해 떠안아야 하는 짐처럼 여겨지는 것
은 아닌지 생각해봅니다.

효율성과 개인주의를 강조할수록, 우리는 돌봄에서 멀어집니
다. 점점 더 서로를 어떻게 돌봐야 할지 모르게 되고, 그럴수록 돌
봄은 낯설고 어렵고 무겁게 다가올 것입니다. 돌봄이 약해진 사회
는 그만큼 고독하고 각박해지기 마련입니다. 고통 속에 어디에도
나를 돌봐줄 곳이 없어 보이면, 그리하여 죽음이 유일한 출구처
럼 느껴지면, 삶의 희망은 설 자리를 잃어버릴 것입니다.

그러나 인간은 나면서부터 죽을 때까지 돌봄을 필요로 합니
다. 아무런 부족함 없이 충족된 삶을 사는 사람은 없습니다. 신체
적 돌봄, 심리적 돌봄, 영적 돌봄, 사회적 돌봄 등 모든 사람은 다

양한 방식으로 돌봄을 주고받아야 합니다. 돌봄은 서로를 위하는 상호적 연대의 모습이며, 공동체를 형성하는 길이고, 사회를 인간답게 만들어주는 촉매입니다. 그러므로 우리는 돌봄을 배워야 합니다.

이 책에서 제가 주목한 것도, 생의 말기를 지내는 환자를 돌보는 모습, 그리고 그 돌봄 속에서 마지막 시간을 보내는 환자분의 모습입니다. "천국이다. 이런 경험 처음이야! 별세계야!" 이런 환자분의 말씀이, 요즘 이야기하는 이른바 '자기결정권'만으로 과연 가능한 일인지, 돌보는 이가 없으면 어떻게 그것이 가능하겠는지 생각해보게 됩니다.

그런 면에서 이 책은 우리에게 많은 것을 가르쳐 줍니다. 생의 말기를 지내는 환자가 어떤 과정을 겪는지, 그때 곁에 있는 사람은 어떤 돌봄을 제공해줄 수 있는지, 그런 돌봄을 통해 환자는 어떤 도움을 받는지에 대하여 생생한 이야기를 들려주고 있습니다. 이 책을 통해, 제가 그랬던 것처럼, 많은 분들이 돌봄의 의미와 가치에 대하여 생각해보실 수 있길 바랍니다. 이런 귀한 경험을 나누어 주신 유성이 선생님께 진심으로 감사드립니다.

추천사

이 책은, 임종을 앞둔 말기 환자가 어떻게 편안하고 품위 있는 죽음을 맞이할 것인가? 호스피스 완화의료 시스템과 환경 구축에 귀한 자료로 쓰일 것입니다

이명아(가톨릭의과대학 서울성모병원 종양내과 교수,
현 한국호스피스·완화의료학회 재무이사)

임종을 앞둔 환자의 임상 증상과 징후는 교과서에 잘 기술되어 있고, 호스피스 치료를 하는 기관의 의료진들에게는 익숙한 일이기도 합니다. 의료진의 관점에서는 죽음을 앞둔 환자의 증상 완화 치료에 목적을 두다 보니 환자가 임종하는 순간, 그 증상의 발현 전후에 환자에게 무슨 일이 일어나며, 이때 진정 이들이 필요로 하는 것이 무엇인지, 파악을 제대로 못 하는 경우가 대부분입니다.

이 책은 의료진이나 가족이 아닌, 간병사 입장에서 실제 환자를 옆에서 돌보며 관찰한 내용을 섬세하고도 생생히 담고 있습니다. 환자가 임종을 맞기까지 약 3주 동안의 기록이 담긴 책을 읽어가면서 마치, 병실에서 환자와 같이 보내고 있는 느낌마저 들었

습니다. 그 과정에서 의료진으로서 그동안 미처 보지 못했거나 알지 못했던 면을 깊이 고민하게 되었고, 향후 환자를 '돌봄'에 무엇을 먼저 고려해야 할지 알게 되었습니다. 특히 임종 말기의 환자를 돌볼 때 의학적인 면만 볼 게 아니라 사회적, 심리적인 면까지 고려해야 하는 호스피스 진료에서 의료진과 환자, 환자를 돌보는 '간병사'와의 유대 관계상 '의사소통'이 얼마나 중요한지 깨닫게 되었습니다. 호스피스 완화의료 분야에서 일하는 의료진이나 팀원들에게 꼭 한번 읽어 볼 것을 추천합니다.

이 책을 통해 알게 된 간접 경험은 말기 환자가 편안하고 품위 있는 임종을 맞이할 수 있는 호스피스 완화의료 시스템과 환경을 만들어가는 데 귀한 자료로 쓰일 것으로 확신합니다.

2007년도 엄마를 저세상으로 먼저 보내고 십이 년을 더 산 아버지는 정서적 고립과 외로움 속에서 생을 마감했다. 아버지가 남은 생을 보낸 시간 동안 나는 엄마의 죽음을 계기로 그해 2007년부터 죽음학을 연구하고 박물관, 호스피스병원, 학교 등에서 죽음과 삶을 성찰하는 교육을 하며, 가족과 사별로 인한 상실의 비탄과 애도 과정을 돕는 일에 종사했다. 그런데 정작 아버지가 겪는 아픔은 놓치고 있었다. 노년의 삶이 임종 시간에 '잘 존재'하는 데 어떤 영향을 미치는지 아버지를 통해서야 비로소 뼈아프게 직시했다.

당시 장기요양보험비는 내면서 노인복지와 사회 시스템을 너무 몰랐다. 좀더 세부적으로 알고 철저히 준비했으면 아버지를 허망하게 저세상으로 보내진 않았을 거라는 후회가 남았다. 아버지의 비통한 죽음을 접하며 이 문제는 일개인의 차원이 아닌 언젠가는 직면하게 될 우리 모두의 문제임을 인식했다. 이를 기점으로 노년의 말기 삶과 인간적 임종을 위한 연구를 하겠다고 박사과정을 시작했다. 그리고 다양한 상황에 부닥치는 노인의 삶을 직접 보기 위해 요양보호사 자격증을 따 현장에 뛰어들었다.

이 글은 2021년 1월 22일 호스피스(hospice, 임종이 다가온 환자를 전인적으로 돌봄) 병원에서 만난 88세인 어르신이 죽어가는 시간 속에서 생명을 지닌 한 인간으로 존재한 22일간 이야기다. 또

한, 간병을 하면서 어르신의 행동, 생각, 감정 등 일거수일투족을 세세하게 보고 느낀 기록이기도 하다.

어르신은 "편안하게 죽고 싶다"라며 죽음을 맞이할 준비된 마음으로 입원했다. 입원 초반에는 자신의 존재성을 확인하는 열의를 보였고 호스피스병원에 자신의 작품을 기증하며 매우 흡족해했다. 그리고 "흔적을 죽을 자리에 남긴다"라며 후손에게 영향력을 전하는 기록의 중요성도 잘 알았다. 그랬기에 당시 호스피스에서 보낸 시간을 "훗날, 글로 써"라고 허락해 주었을 테다. 인격체로서의 몸은 소멸해 가도 어르신은 가르침 주는 것을 좋아했고 나는 가르침 받는 것을 좋아했다. 짧지만 어르신의 생각을 듣고 곱씹는 소중한 시간이었다.

평소 온화한 카리스마를 보인 어르신은 잠시 섬망(譫妄, 바깥세계에 대한 의식이 흐리고 착각과 망상을 일으켜 알아들을 수 없는 말을 하는 상태) 현상이 나타났는데, 이때도 관리자로서 가장으로서 책임의식이 어찌나 강한지, 올곧은 큰 어른의 모습 그 자체였다.

호스피스 병실에는 아무 일도 일어날 것 같지 않았지만, 그곳에도 감정이 살아 움직이는 사람이 존재했다. 창가의 따사로운 햇볕과 나무 풍경에 잔잔한 행복감이 감돌았다. 죽음에 이르는 순간까지 삶은 끝나지 않았다. "서로 발을 씻어 주어라"(요한복음 13:14 참고) 말씀대로 병실에서 간병사 자격으로 내어주는 사랑의 실천을 할 때 어르신은 행복한 마음으로 기쁘게 받아들였다.

병실 일상에서 벌어지는 주변 구성원들의 갈등상황은 사람들의 다양한 감정과 내면의 민낯을 드러내는 모습도 보였다. 삶이 공존했다.

어르신은 같은 병실의 빈 병상에 환자가 들어오길 기다릴 만큼 타인과 연결되기를 원했다. 죽음을 앞둔 사람도 마지막 순간까지 타인과 연결된 '살아있는 인간 존재'였음을 말하고 싶었다.

임종 고통은 비껴가지 못하는 관문이다. 죽음을 맞이할 시간이 하루하루 다가올 때 죽음의 공포에 시달리기 마련이다. 환자는 평소 아무리 마음의 준비를 했어도 의식과 달리 무의식에서는 죽음을 밀어내기도 한다. '좋은 죽음'에는 그만큼 삶에서 준비가 필요하지만, 운도 따라야 한다. 그런 점에서 어르신도 예외는 아니었다. 병원 의료진의 시행착오, 코로나19 여파로 여러 봉사자의 돌봄을 제대로 받지 못한 점, 가족과 지인 방문이 자유롭지 못한 점. 코로나19는 죽음을 맞는 사람에게도 큰 재난이었다. 이런 어려움에도 불구하고 어르신은 죽음 이후의 마무리 절차는 전혀 걱정하지 않았다. 어르신은 그만큼 가족을 믿었기 때문이다. 어르신이 의식을 잃기 전 간절한 마음으로 황혼 일기장에 "성령의 나라가 함께 하시길 비나이다."라고 썼듯이 하늘나라에서 평안하시리라 믿는다.

궁극에는 한 개인의 죽음을 생각한다. 어떻게 죽음을 맞이할 것인가. 죽어가는 과정과 죽는 순간까지 완성에 이르는 시간이 될 수 있을까? 인간적인 죽음을 맞이하기 위해서는 먼저 개인이 자기 돌봄과 현실에서 준비할 일도 중요하지만, 타인의 도움이 절대 필요하다. 그렇다면 현대 사회에서 타인 즉 가족이나 주변인은 어디까지 돌봄이 가능할까? 출산율 세계 최저 나라, 점점 늘어만 가는 독거노인들… 결핍과 고독과 절망의 이 시대, 우리는 과연 얼마나 누군가의 사랑과 보호를 받아가며 편안한 죽음을 맞이할 수 있겠는가. 아니면 속수무책으로 주위의 사랑과 보호를 포기한 채, 인간은 누구나 고독한 죽음 앞에 공평하다는 사실을 인정하며 비통함 속에서 죽어가야만 하는가?

타인의 고통이 나의 고통임을 절감하고 고립의 깊은 우물 속에서 희망의 두레박을 함께 건져 올릴 때 우리에게 비로소 인간적인 돌봄 속에서 죽음을 맞이할 기회가 찾아오지 않을까. 어떻게든 서로 '사랑의 끈'을 이어야 한다.

누구나 한 번은 맞이할 죽음…. 과연 인간적인 죽음은 무엇일까…. 인간적인 죽음을 맞이하기 위해 우리는 무얼 준비하고 오늘 하루, 소중한 일상의 아침을 깨울 것인가?

이 책이 독자들에게 그러한 '인간적인 죽음을 위하여' 오늘 하루의 소중함을 일깨우는 낮은 울림이 되길 바란다.

2022년 겨울 자락에서 유성이

차례

제2부 88세 노인의 마지막 인생, 22일 동안의 이야기
'호스피스 간병사'로서의 생생한 기록

제1부
쌍둥이의 탄생, 부모의 죽음
최초의 '탄생'과 '죽음'에 대한 기록

열두 평 아파트

"엄마, 방에 들어가서 자."

이른 아침, 성이가 아르바이트하러 나가면서 안쓰러운 듯 내뱉는다. 이미 화장실에 들어갈 때부터 못마땅한 듯 신음을 냈다. 싱크대 옆, 딱 한 사람 누울 공간에서 이부자리 펴고 자는 내 모습 때문이다.

우리 세 모자가 사는 곳은 열두 평 임대 아파트. 현관문을 열면 베란다 끝까지 한눈에 다 보인다. 현관 오른쪽엔 작은방, 앞으로 몇 걸음만 떼면 좁은 주방과 그 맞은편엔 화장실. 바로 이어진 미닫이문을 열면 큰방. 또 다시 미닫이문을 열면 베란다. 원룸 크기의 공간에 칸을 낸 구조는 한 사람이 사용하기 딱 알맞다. 한 사람이 누우면 그만인 방. 한 사람이 서서 요리할 만한 주방. 한 사람이 들어앉을 크기의 욕조가 딸린 세면대와 좌변기가 있는 나름 구색을 갖춘 욕실. 성인인 세 모자가 살기엔 비좁긴 비좁다.

아이들이 초등학교 5학년 때 이사를 와서 고등학생이 될 때까지 큰방을 쌍둥이 아들이 작은방은 내가 사용했다. 공동실이나 마찬가지인 큰방 한쪽 벽면은 책장이 차지했다. 베란다 창 쪽엔, 오래전 골동품 가게에서 산, 통나무로 된 낮은 상이 있다. 그 위로는 십자고상과 아기 예수님상과 촛대 그리고 성경책이 늘 독서대에 펼쳐 있다. 책장 반대 벽면에는 독서실용 책상이 있다. 작은아들이 들여놓고, 공부에 집중하겠다는 의지를 보인 책상이다. 그 옆엔 하얀색 5단 서랍장과 그 위에는 이불과 요가 놓였다. 그리고 집 크기에 어울리지 않는 대용량 냉장고가 한자리를 차지했다.

우리 집에서 가장 비싼 가구는 냉장고와 침대다. 청력손실에 민감했던 나는 전류 소음이 가장 적다는 이유로 대형 냉장고를 선택했다. 하지만 주방엔 자리가 없어, 큰방에 들인 냉장고의 소음은 우리 삶에 보이지 않는 영향을 끼쳤음이 분명하다. 잠자리도 내겐 중요했다. 툭하면 고장 나는 내 허리와 편안한 잠자리를 고려해 침대 선택에 심혈을 기울였다. 아이들의 이부자리인 요도 목화솜으로 두툼하게 주문제작 했을 정도다.

아무튼 이 방은 침실이자 서재요, 식당이다. 쌍둥이 아들은 개인 공간을 가져본 적이 없던 셈이다. 또 하나의 방. 내가 만든 책상과 침대와 행거 하나를 들여 꽉 찬 작은방은 나의 공간이었다. 그러다 큰아들이 군에 입대하면서부터 몇 년 동안 사이사이 변화가 있었다. 준이는 제대하자마자 일본으로 떠났고, 성이도 곧이어 군에 가는 바람에 2년여 동안 나 혼자 생활했다. 아까 말한 대로 혼자 쓰기엔 안성맞춤이다. 거기에 약간의 변화를 줬다. 작은방은 잠만 잤고, 큰방 가운덴 어린 아들들에게 손수 만들어 줬던 책상 두 개를 붙였더니, 서재 겸 작업실로 그만이었다. 그림 그리다 고개 들어 창밖을 바라봤다. 공원 너머 눈에 들어온 중심상가의 휘황찬란한 불빛을 감상하는 사치를 누리기도 했다.

그러던 어느 날, 나는 용인에 있는 모 박물관으로 직장을 옮겨 사택에서 생활하고 준이는 대학교기숙사로 들어가면서 성이가 혼자 열두 평 아파트를 사용했다. 그렇게 세 모자는 각자의 시간을 보내고 근래 다시 모였다. 하지만 이제 한 공간을 같이 쓰기엔 서로 생활방식이 너무 달랐다. 공부하거나 일하고 잠자는 시간이 엇갈렸다. 개인 공간이 마련돼야 했다. 성이는 독학으로 공무원 시험준비를 하느라 큰방을 사용하므로 준이에겐 작은방을 내주었다.

내가 갈 곳은 한 사람이 누울 수 있는 주방뿐이었다.

기록 강박증

언제부터였을까? 기록 강박증의 시초는. 1991년도 쌍둥이 아들이 태어났을 때로 기억을 거슬러 보자. 그 당시, 아이들은 다섯살 될 때까지 엄마의 양육이 필요하다는 생각으로 육아에 몰두했다. 내게 임신, 출산, 육아는 처음이자 마지막이라고 여겼기에 최선을 다했다.

시부모님은 결혼 전에 돌아가셨고, 친정 부모님은 지방에 살아 도움을 청할 엄두도 못 냈다. 간혹 쌍둥이 아빠가 도와주긴 했어도 직장 때문에 여의치 않아 24시간 육아는 내가 도맡았다. 하지만 강아지 한 마리 키워본 적이 없던 나는 갓난아기를 목욕물에 빠트릴까 봐 노심초사하는, 어설프기 짝이 없는 초보 엄마였다. 그야말로 하나도 아니고 아이 둘을 한꺼번에 보살핀다는 게 여간 힘든 일이 아니었다.

결국 나는 수첩 두 권을 마련해 기록을 시작했다. 누가, 몇 시에, 분유는 얼마큼 먹었는지, 변은 무슨 색인지, 이유식은 무엇을 먹었는지, 시시콜콜 수시로 메모했다.

그 수첩을 30년이 지난 얼마 전에 발견했다. '새벽 5시 40분. 잠에서 깨어 울길래 기저귀 보니 약간 된 변 봄. 치워주니 몹시 좋아함.'이라는 쌍둥이 아빠의 글씨체가 보였다. 가끔 특이사항인 '세상에 태어나서 처음으로 대중목욕탕에서 목욕했음(태어난 지 5개월)', '생일 집에 가서 마요네즈와 식혜를 먹었다'라는 급히 갈겨쓴 내 메모를 보니, 그 시절로 돌아간 듯 감회가 깊다.

하여튼 나는 내 기억보다는 기록을 믿었다. 쌍둥이 아기가 소아과 의사에게 진료받을 때도 이 기록은 쓸모 있었다.

쌍둥이가 다섯 살 끝 무렵, 나는 직장을 다녔다. 기록 습관은 아이들이 어린이집에 다닐 때도 계속됐다. 어린이집 교사가 표현력이 부족한 아이들을 이해하기 쉽도록 아이들이 가정에서 보낸 일상생활이나 컨디션 등을 수첩에 메모해 교사에게 전달했다. 나중엔 교사도 그 수첩에 쌍둥이의 어린이집 생활을 간단히 메모해 주었다.

내가 미술 교사로서 아동들을 가르칠 때도 수첩에는 물론이고 사진과 영상으로 기록을 남겼다. 못 말리는 기록 습관이 이어진 데는 이유가 있다. 아이들의 생생한 언어 표현은 바로 기록하지 않으면 내 기억이 중첩돼 아이만의 특별하고 재밌는 언어가 사라지기 때문이다.

나는 청력이 약해 말을 놓치는 경우가 많았는데, 기록은 장애를 채워주는 장치였다. 기록에 의지하는 부작용도 있지만,

기록은 나의 신체적 결함과 직업의 특성으로 몸 기능의 일부가 됐다.

  육아 일기로 시작한 기록의 습관은 엄마의 암투병 시절 이야기와 죽음의 기록으로 정점을 이루었다.

엄마의 죽음이 남긴 선물

노트북을 열고 2006년 초부터 1년간 '엄마의 투병기록'을 영상으로 담은 '회상' 폴더를 클릭했다. 뭔가를 응시하고 있는 엄마의 얼굴을 클로즈업한 장면. 항암치료로 듬성듬성해진 엄마의 머리를 받친 베개를 연신 바로잡는 아버지, 소매를 걷어붙인 아버지의 팔뚝이 눈에 띈다. 이어 발끝에 놓인 노트북을 바라보는 엄마, 엄마를 비스듬히 일으켜 등을 받치고 있는 아버지와 함께 어린 손녀가 나오는 화면에 초점이 맞춰 있다. "예빈이를 내가 왜 예뻐라 하면…. 요만한 걸 낳아 왔는데 살 것 같지 않더라고." 그랬던 손녀가 저리도 잘 컸다며 아버지는 오래전 추억을 더듬는다.

'회상' 파일은 내가 수년간 촬영했던 우리 가족의 기록 영상을 바라보는 부모님의 모습을 또다시 촬영한 영상이다. 지금은 돌아가신 두 분 모습을 보니 마치 옆에 살아계신 것만 같다. 다른 파일도 열었다.

엄마는 딸 여섯과 막내아들 하나를 낳았다. 엄마에게 아들을 낳아야 한다는 강압은 없었다고 한다. 나는 집안에서 남녀차별을 받은 기억이 없다. 하지만 내가 쌍둥이 아들을 낳았을 때 엄마는 당신이 아들을 낳았을 때보다도 더 기뻤다고 한다. 손이 귀한 집안인데 엄마를 닮아 딸을 낳으면 어쩌나 싶었다고 말이다. 그래서 나는 엄마가 딸만 내리 낳았을 때 내심 스트레스 받은 것을 알았다. 항암치료로 민머리가 된 엄마는 내리 낳은 딸들에게 둘러싸여 이야기꽃과 웃음꽃을 피웠다.

엄마가 암에 걸린 후부터 틈만 나면 나는 엄마가 있는 포항으로 향했다. 동생들과 달리 평소엔 1년에 한두 번 갈까 말까 한 곳이었지만, 이제는 엄마와의 시간을 자주 갖고 싶었다. 이모들도 장거리 운전을 마다하지 않고 산삼을 구해 엄마를 찾아왔다.

가족이 모이면 포항집은 늘 활기로 가득 찼다. 엄마는 안방보다 가족들이 북적거리는 거실에 있는 걸 더 좋아했다. 나중엔 병상을 거실 한편으로 옮겼다. 엄마는 사위들이 식사 중에 반주를 곁들이는 모습과 손주들의 재롱을 흐뭇하게 바라보았고 딸들의 수다를 즐겼다. 우리 자매들은 너나 할 것 없이 엄마 앞에서 늦은 밤까지 어린 시절 이야기를 풀어내며 시간 가는 줄 모르고 까르르 웃어댔다. 워낙 말수가 적었던 엄마는 미소만 짓다가 드문드문 한마디씩 거들었다.

돌아갈 때가 되면 고추장이며 된장이며 깨를 담은 봉지들을 나눠줬던 엄마는 딸들에게 생애 마지막 김치를 담아 택배로 보냈다. 물론 친정 가까이 살며 엄마의 식사를 챙겼던 큰언니가 수고했지만 말이다.

엄마는 아버지와 가족들의 지극한 정성과 보살핌 속에 마지막 눈을 감았다.

생의 끝자락에는 집 근처 의료원의 일반 병실에 입원한 엄마를 우리는 수시로 볼 수 있었다. 임종 전날 밤엔 외아들이 곁을 지켰다. 당일엔 딸과 사위들이 귀경하다 임종 징후 연락을 받고 되돌아와 가족 모두가 지켜보는 가운데 엄마는 숨을 거두었다. 엄마는 운이 좋았다. 중환자실에서 홀로 죽음을 맞이하지 않았으니까.

입관했을 때 엄마의 시신은 더없이 맑고 깨끗했다. 엄마 이후에 많은 임종자를 봤지만, 아직 엄마를 최고의 모습으로 기억한다.

아버지는 불교 신자인 엄마가 많은 사람을 위해 49재 기도를 했으니 엄마도 해줘야 한단다. 대가족과 친인척이 모인 가운데 49재를 마치며, 엄마를 이 세상에서 떠나보냈다.

엄마는 말년에 암이라는 불청객이 찾아와 많은 어려움도 겪었지만, 그래도 아버지의 부인, 우리 엄마라는 존재로서 마지막 삶을 잘 살아냈다.

하지만 2007년도 당시 임종을 병원에서 한 것은 아쉬움과 의문이 남았다. 단독주택에 아버지도 살아계셨으니 집에서 충분히 돌아가시게 할 수도 있었을 텐데…. 왜 병원으로 옮겼을까? 임종 직후 눈물을 훔칠 새도 없이 병원 관계자는 엄마를 바로 영안실로 실어갔다. 참으로 냉랭하고 씁쓸한 기억이다.

엄마의 죽음 이후에야 '죽음'을 알기 위한 여정이 시작됐다.

가까이서 처음 접한 엄마의 투병과 죽음은 내게 비로소 '죽음이란 무엇인가?', '어떻게 죽음을 맞이할 것인가?', '삶을 어떻게 살 것인가?'라는 질문을 남겼다. 죽음과 관련된 서적을 닥치는 대로 탐독했다. 급기야 엄마의 영혼은 어디로 갈지, '죽은 영혼의 이후'를 생각하기에 이르렀다. 게다가 '내게 주어진 녹록지 않은 삶'에서 바닥을 치고서야 진정 신 앞에 무릎을 꿇고 기도했다. 그렇게 죽음을 인문학과 철학 그리고 영성으로 풀어내는 시간을 보냈다.

몇 년이 지나고, 우리나라 상례喪禮 문화가 전시된 박물관의 학예사로서 아동을 대상으로 죽음과 삶을 생각하는 장기 프로젝트를 기획했다. 이것이 내가 죽음과 관련하여 첫 번째로 시도한 일이다. 엄마의 죽음이 남긴 의미 있는 첫 선물이었다.

날개 잃은 홀아비

지금도, 우연히 라디오 방송을 타고 캐리 앤 론이 부른 팝송 '아이 오우 유'가 귓가에 흐르면 거실 티브이 앞에 우두커니 앉은 아버지의 뒷모습이 떠오른다.

고즈넉한 오후. 깜빡 잠든 나는 잠결에 아련한 여가수의 노래에 살며시 눈을 떴다. 아버지의 등이 보인다. 아버지는 딱히 노래를 듣기보다는 애잔한 선율에 그저 멍하니 바라본 것 같다.

뭐랄까. 천군만마를 잃은 홀아비가 된 아버지의 쓸쓸한 모습이었다. 아버지가 가사를 알아들었을 리 없지만, 엄마를 향한 아버지의 마음 같았을 노래와 아버지의 뒷모습은 한 장의 흑백 사진처럼 뇌리에 지워지지 않는 '아버지' 기억이다.

당신 덕분에 아침의 햇살과
시간이 흘러도 변하지 않는 사랑의 밤들을 얻게 되었어요
당신 덕분에 이젠 단순한 삶 이상의 것을 얻었어요

그것은 내가 갚아 나가야 할

세상에서 가장 기분 좋은 빚이라는 걸 알아요

왜냐하면, 난 당신에게 빚을 졌어요

(당신에게 빚졌어요)

　엄마를 병원에 입원시키고, 집으로 돌아온 아버지는 선뜻 안
방에 들어가질 못했다. 아버지가 느꼈을, 평생 함께한 엄마가 없
는 그 방의 어두운 적막감이 내게도 전해졌다.

　엄마에게 대접을 받기만 했던 아버지였다. 하지만 엄마가 항
암치료를 받고 집에서 요양하는 동안 아버지는 늘 엄마 곁에서
팔을 걷어붙이고 병간호했다. 엄마의 생애 마지막을 든든하게
지켰고 유품 정리까지 깔끔하게 마무리했다.

　아내를 먼저 보낸 홀아비의 삶은 확연히 달라졌다.

　엄마가 아프기 전까진 아버지는 말만 하고, 행동은 엄마 몫이
었다. 아버지가 낚시를 해와 회를 뜨면 엄마는 초고추장을 만들
고 이것저것 준비해 상차림하고 붕어탕을 오랫동안 달여 딸과
사위, 손주들에게 먹였다. 자식들에게 좋은 음식을 해서 먹이는
것이 노부부의 즐거움이었다. 아버지는 대가족이 모인 가장으
로서 권위를 지켰다. 모두 엄마의 내조 덕분인 건 두말할 나위

없다.

세상에! 아버지가 은행에 입·출금하는 일조차 못 하다니! 엄마가 돌아가신 후에야 밝혀졌다. 그동안 작은 규모지만 가게 재무건, 집안 살림이건 은행 업무는 엄마가 도맡아 한 거다. 결국, 아버지는 은행 업무를 사사건건 며느리의 손을 빌렸다.

아버지는 유독 외아들에겐 엄했다. 아버지의 꼿꼿한 허리만큼이나 성품이 꼬장꼬장했다. 딸들에겐 조금씩이나마 미리 나눠준다며 며느리를 앞세워 계좌로 돈을 보냈다. 하지만 아들에겐 어차피 당신 죽으면 집은 아들 것이라며 꽉 움켜쥐었다. 혹여 다 내놓으면 괄시라도 받을까 봐서였을까? 힘없는 노인의 자존심이었는지도. 아버지는 자신의 방식대로 재산을 정리했다.

아버지는 엄마가 돌아가신 후 12년을 더 살았다. 아버지의 재산관리 계획엔 차질이 생겼다. 당신의 여생이 얼마나 남았을지 어떻게 알았겠는가. 생애 말엔 치매 초기와 파킨슨병 증후가 시작되어 아버지의 약한 모습을 처음 봤다. 갓 결혼한 외손녀가 용돈을 드리자 "네게 용돈을 받으니 눈물이 난다"라며 울먹였다.

나중에야 나는 알았다. 나약해진 노인의 곤궁함이었다는 것을. 예전에 자식들에게 퍼주면서 "용돈 가져오너라!" 했던 당당함이 아니었다. 아버지가 은행일을 볼 줄 알았다면 어땠을까? 조금은 다르지 않았을까? 은행에 현금을 넣어두고, 당신 용돈이 필요할 때마다 직접 찾아 쓸 줄 알았더라면. 자식들에게 조금씩 용돈을 주었더라면 어땠을까? 정말 달랐을까?

한 지붕 아래 고독

엄마 돌아가시기 두 달 전에 결혼한 남동생 부부가 부모님과 함께 살았다. 엄마가 떠나고 태어난 큰손녀를 아버지는 끔찍이 사랑했다. 엄마 잃은 상실감을 손녀 사랑으로 달랬을 것이다. 둘째, 셋째 손녀가 태어났지만 큰손녀를 사랑하는 마음은 더 각별했다. 그 아이도 유달리 할아버지에게 예쁜 짓을 했다.

아버지는 늘 며느리가 "잘한다!"고 말해왔다. 하지만 한집에 살면서 부딪히는 일에는 여러 가지 복잡한 문제가 얽혀 있다. 멀리 살면서 어쩌다 전해 듣는 이야기와 1년에 한 번 겨우 얼굴을 비칠까 말까 한 나로서는 속사정을 다 알 순 없다. 다만 가까이 지켜본 사람들의 이야기를 모아보면 이렇다.

아이의 볼에 할아버지의 담배 냄새가 나는 걸 좋아할 며느리는 거의 없다. 큰손녀는 자라면서 할아버지에게 예전처럼 살갑게 대하는데 제 엄마 눈치를 봤다. 그래도 할아버지가 넘어질까봐 부축하는 아이가 대견스러웠다. 아버지는 침이 마르게 "지은이가 효녀다!"라고 자랑했다.

아버지는 노인성 난청으로 귀가 어두웠다. 이웃과의 관계에서 소외되고 멀리 사는 자식들과 통화도 점점 어려워졌다. 말소리를 못 알아듣는 것은 소통의 부재로 노인의 외로움을 가중시켰다. 생애 마지막 시간에도 큰 영향을 끼쳤다. 무엇보다 함께 사는 며느리와는 잦은 오해로 갈등이 깊어졌고 아버지는 점점 고독해졌다.

아버지는 혼자 식사하는 일이 많았다. 아침은 며느리가 집에서 준비해 가게로 보내온 음식으로 해결했는데(이것은 엄마가 한 방법이고 이땐 엄마와 함께 식사했었다), 아점이 되는 경우가 많았다. 점심은 가끔 주변 식당에서 할 때도 있었다. 저녁에는 며느리가 아버지에게 독상을 차려 주고는 아이들과 함께 방으로 들어갔다. 그리고 나중에 따로 자기들끼리 식사를 했다. 남동생은 뭐가 그리 바쁜지, 집에 거의 없었다. 아버진 철저히 혼자가 됐다.

아버지의 옷차림은 평생 한결같았다. 흐트러진 모습을 본 기억이 없다. 안방 잠자리에서 나온 순간부터 허리띠를 맨 양복바지에 남방 차림이었다. 나는 아버지가 엄마 돌아가신 후 속옷을 어떻게 처리했는지 몰랐다. 알려고 하지도 않았다. 아버지가 바지 몇 벌을 세탁소에 맡겼더라는 얘기를 훗날에 들었다. 아버지는 며느리에게 양말조차 내놓기 어려웠으리라.

우리 자매들은 엄마가 없는 친정집을 예전처럼 쉽게 드나들지 못했다. 홀아비가 된 아버지를 모시는 올케를 배려해서다. 시

누이 여섯이 한마디씩만 거들어도 여섯 마디가 되니, 말 한마디도 조심했다.

어느 날, 아버지가 요양병원에 입원했을 때 포항집에 갔다가 주방을 보고 알았다. 이 집 부부가 얼마나 병들었는지를. 슬리퍼 바닥은 묵은 때로 떡이 졌고 싱크대 위며 주방 바닥은 까만 봉지와 그릇들로 발 디딜 틈이 없었다. 말라 비틀어진 음식과 심지어 누가 줬는지 모를 김치가 풀지도 않은 봉지째 나뒹굴었다. 나는 조심스럽게 냉장고 문을 열었다. 안에는 먹지 못할 음식까지 뒤섞여 빈틈이 없었다. 티브이에나 나올 일이었다. 이 집에 사는 어린 조카들은 아동학대를 받는 수준이라 여길 정도였다. 나는 화가 나기보다는 마음이 너무 아팠다. 병든 주방에서 올케의 아픈 마음을 봤기 때문이다. 홀시아버지를 모시는 일이 쉬웠겠는가. 그때였다. 처음으로 올케로서가 아닌 한 사람으로 내 안에 들어온 것은. 나는 팔을 걷어붙였다. 그리고 먼저 슬리퍼 두 짝을 빡빡 빨았다. 주방 바닥을 솔로 닦아내고 싱크대 위며 가스레인지도 닦았다. 냉장고 속 정리까지는 못 했지만, 주방 청소를 다 끝낸 후 깨끗해진 슬리퍼 두 켤레를 나란히 놓았다. 깨끗해진 슬리퍼처럼 부부가 새롭게 거듭나기를 바라면서.

외출에서 돌아온 올케를 나는 따뜻하게 끌어안았다. 내 눈가에 눈물이 맺혔다.

지팡이와 마지막 성찬

회의 중에 메시지 알림이 울렸다. 동생이 보낸 사진이었다. 89세 생신날, 가족과 찍은 사진 속 아버지는 지팡이를 짚고 있었다. 바쁘다는 핑계로 참석을 못 했던 나는 마음이 덜컥 내려앉았다. 아버지도 시간의 한계를 가진 인간이었음을 까마득히 잊었다. 내게 아버지는 산 같은 존재이기만 했다.

그 다음해, 생신 때 뵌 아버지는 어지럽다며 지팡이를 짚고도 두 걸음을 떼기 힘들어했다. 아버지를 부축하면서 알았다. 아버지를 온전히 돌봐줘야 할 때가 곧 다가올 것을.

평생 여행을 즐기지 않은 아버지는 집밖에 몰랐다. 언제나 "집으로 오너라!" 했던 아버지도 자식들이 모이는 곳으로 따라나섰다.

우리는 아버지의 90세 생신을 펜션에서 1박 2일 보낸 후, 해운대 바다와 최신식 빌딩이 어우러진 식당에서 성찬盛饌을 즐겼다. 그리고 한켠으로 대가족을 수용할 만큼 널찍한 공간을 갖춘 분위기 좋은 찻집으로 이동했다. 통유리창 너머로 바다가 보이는 쾌적한 카페였다.

아버지는 바다를 배경으로 테이블에 나눠 앉은 자손들이 한눈에 보이는 자리에 앉았다. 오른쪽 다리를 왼쪽 다리에 걸치고서 무릎담요를 덮은 아버지의 모습은 편안해 보였다. 무릎담요 아래, 아버지의 새 신발이 눈에 띄었다. 내 기억에 아버지는 항상 까만색 정장 구두를 신었다. 그런데 새 신발은 까만색 단화였다. 새 신발을 눈에 담았다. 아버지는 담소를 나누는 자손들을 평온히 바라봤다. 손녀딸이 내미는 간식을 받아먹고 다섯째 딸이 건넨 커피를 "무슨 맛이 이러노. 우유 같다."라고 하면서도 마시는 모습은 평안해 보였다.

나 역시 유난히 '편안한감'을 느낀 이 장면은 우리와 보낸 평소 아버지의 마지막 모습이다.

우리는 헤어질 즈음, 건물 밖에서 잠시 시간을 보냈다. 시원한 바닷바람과 어우러진 딸, 사위, 손주들의 재잘대는 소리가 드높은 파란 하늘까지 퍼져오를 듯했다. 손녀와 함께 돌의자에 앉은 아버지 머리 위에도 햇살이 평화롭게 비쳤다.

이윽고, 아버진 다섯째 딸과 사위의 부축을 받으며, 포항집으로 돌아갈 막내딸네 차 쪽으로 걸음을 옮겼다. 손주들도 뒤따라 할아버지를 배웅했다. 아버지는 걸음을 멈추고 "내가 너희들에게서 행복을 많이 받는다."라며 모두에게 감사를 표했다. 그리고 차 앞에 도착했을 때 손녀딸이 용돈이라며 흰 봉투를 내밀자 "내가 너한테 용돈을 받으니 눈물이 난다."라며 울먹인 것이 이때였다. 아버지는 차에 올라타며 말했다. "집에 놀러 오너라." 아버지의 인사말을 끝으로, 떠나는 차 뒤꽁무니에 손을 흔들며 한참 바라봤다.

미끄러운 경사길

우리 남매들은 언제나 가족 행사에서 내게 책임을 면해 주었다. 그것을 기꺼이 받아들인 나였지만, 이번에는 달랐다. 아버지에게 들이닥칠 상황을 준비해야 한다는 조바심 때문이다. 동생들과 전화선을 붙들고 의논했다. 그러던 중 덜컥 아버지를 요양병원에 입원시켰다는 소식이 왔다. 새벽녘에 화장실을 기어서 가는 사태에 이르자, 아버지는 남동생에게 며칠만 병원에 입원시켜달라고 했다. 마지막 점심 성찬을 하고, 헤어진 지 두 달여 만의 일이었다.

아버지는 요양병원에 가기 전날까지, 온종일 손님 한 명 오지 않는 가게에 기어코 나갔다. 몇 걸음 떼기도 힘들면서 아들에게 전화해 가게에 데려다 달라고 했단다. 가게에서 위안을 얻는 아버지의 마음을 알기에 아들은 아버지의 바람대로 해주었다. 그곳은, 자식들을 키우고 가르친 삶의 터전이고 추억과 기억이 가득한 곳이다. 아버지는 전깃불도 끊긴 가게 의자에 우두커니 앉아 도로변으로 무수히 지나가는 사람과 자동차를 바라봤다. 지나간 세월의 추억을 낚기라도 한 것일까? 날이 어둑해지면, 툭툭 털고 일어나 퇴근하듯 집으로 돌아갔다.

아버지는 입원할 즈음, 파킨슨병과 치매 초기 진단을 받았다. 요양병원에서 만난 아버지는 밥을 먹지 않겠다며 떼쓰는 어린아이가 되어 있었다. 틀니를 뺀 말소리는 밖으로 새어 허공을 맴돌 뿐 우리는 알아듣지 못했다. 아버지는 갑갑한지 웅웅거리는 소리를 내며 침대 밖으로 나가려고 했다. 나중에 생각해보니, 아버진 "집으로 가자. 나는 요양병원에서 죽기 싫다."라고 말을 한 것 같다. 오른쪽 손가락은 쉴 새 없이, 담배가 있던 왼쪽 윗주머니를 긁었다. 평생 못 끊었던 담배 금단 현상까지 오롯이 겪어내느라 얼마나 답답했을까.

아버지는 틀니를 뺀 말소리가 새어 전달은 안 되고, 귀는 안들리고, 그렇다고 아버지 마음을 척 알아 해결해 주는 사람 하나 없이 혼자 버둥댔다. 하지만 당신 의지로 할 수 있는 것은 없었다.

다음날 뵌 아버지의 발에는 링거 바늘이 꽂혔고 허리춤은 헝겊 끈으로 묶였다. 오른손은 헝겊 장갑이 끼워졌는데, 낙상 위험과 주삿바늘을 뺄 위험이 있다는 이유였다.

전날과 다르게 잠만 자는(진정제를 놓았던 것 같다) 아버지를 바라보며, '지금의 아버지'를 있는 그대로 받아들였다. 어쩌면, 어린아이같이 된 것이 당신에게 다행인지도 모를 일이다.

일주일 후 남동생 부부와 함께 아버지를 찾았을 때다. 패혈증 때문에 다른 병실에 옮긴 아버지는 아무 가림 없이 기저귀만 채워진 채 아랫도리가 그대로 노출되어 있었다. '엄하기만 했던 아버지의 현재 모습이 남동생 눈엔 어떻게 비쳤을까? 또 어떤 마음이 들었을까? 올케는 얼마나 당혹스러웠을까? 아버지가 이 상황을 안다면 수치감에 몸서리쳤을 텐데… 얇은 시트 한 장이라도 덮어주었으면…' 짧은 시간에 많은 생각이 스쳤다. 그리고 의료진의 환자와 가족을 위한 심리적인 작은 배려가 무척 아쉬웠다.

아버지의 모습을 보고 온 며칠 후, 포항에 사는 막내 여동생에게서 연락이 왔다. 아버지 쓸개에 고름이 생겨 다른 병원으로 옮겼다는 것이다. 그리고 관 시술 동의서를 써야 한다며 우리 남매들에게 의견을 물었다. 암투병하는 넷째 동생만 시술수위 정도를 들어보고 결정하기를 원했다. 다른 남매들은 아버지 나이가 많으니 몸에 뭔가를 가하는 것보단 통증만 가라앉혀 조금 편해졌으면 좋겠다는 의견이었다. 우리는 고통만 지속시킬 무의미한 연명 치료를 하지 않겠다는 것엔 모두 한 마음이었다. 하지만 동생이 병원에 갔더니 어찌 된 일인지 이미 시술을 했단다.

쓸개 옆에 고름이 찬 것을 빼는 것이라고 했다.

의료처치를 받은 후 아버지가 간 곳은 시내에서 떨어진 한적한 요양병원이었다. 처음 아버지가 간 시내 한복판의 요양병원과 달리, 이곳은 자연 공기를 맡을 수 있는 장소였다. 나는 내심좋았다. 아버지가 창틈으로 나무 냄새라도 맡기를 바랐다.

아버지 덕분에 무심한 내가 새롭게 눈뜬 사실이 있다. 그것은요양시설이 도시나 상가 건물에 빼곡히 줄지어 있다는 것. 내가사는 동네만 해도 한 건물에 서너 개가 있었다. 자식이 올 때 접근성이 쉽기 때문이라는 말을 들었다. '요양병원이면 공기 좋은외곽에 있어야 좋지 않나?'라고 생각한 나는 무지했다.

정말 그랬다. 아버지가 시내 요양병원에 있을 땐 매일 찾아간여동생이 새 요양병원으로 옮긴 후로는 조금 뜸해졌다. 대중교통편도 어렵고 외곽이라 무섭다는 이유였다.

새 요양병원에서 만난 아버지는 몸에 균이 들어갔다며 병상하나에 겨우 사람이 지나갈 정도로 좁은 1인 격리실에 있었다. 그곳은 창문 하나 없고, 병상 머리맡의 낮은 칸막이 너머로 보인 좌변기는 더욱 칙칙한 분위기를 자아냈다. 차가운 형광등 빛을 오롯이 받으며 누워있는 아버지가 더욱 고립돼 보였다.

이제 아버지는 콧줄로 죽과 약을 넘겼고, 목구멍에 관을 넣어가래를 뺐다. 그때마다 아버지는 괴로워했다. 숨은 산소호흡기에 의지했다. 다리는 구부린 상태에서 굳어져갔다. 그나마 오른 팔과 손의 움직임만이 생명이 유지되고 있음을 증명했다. 하지만 그마저도 호흡기줄을 만진다는 이유로 손에는 장갑이 끼인 채 침대에 묶였다. 체위를 자주 바꿔주지 않아 아버지의 몸은 그대로 굳어졌다. 욕창이 생겼는데도 체위를 바꾸기는 더 어려운 지경에 이르렀다. 비참했다.

참으로 답답했다. 어디까지를 연명 치료로 판단해 거절할 수 있는지… 콧줄을 통해서라도 꼭 음식과 약을 넣어야 하는지…. 판단하기 정말 어려운 문제였다.

아버지의 고통을 덜어낼 방법을 찾으려고, 전에 예술치료 봉사를 했던 호스피스센터 간호팀장에게 물었다. 대답을 정리하면 이렇다.

"법적인 연명 치료를 거부할 수 있는 항목은 심폐소생술, 인공호흡기, 항암치료, 혈액투석이기 때문에 아버지에게 한 처치는 연명 치료에 속하지 않아 중단을 못합니다. 만약 처음부터 집에서 계속 음식을 삼키지 못해 곡기를 끊은 채 임종했다면 자연사가 됩니다. 그리고 임종 장소가 병원일 경우엔 의사가 사망 진단을 하겠지만, 집에서 임종했을 땐 실제로 자연사인지 다른 사망원인이 있는지를 경찰이 확인해야 합니다."

저를 알아보시겠으면 눈을 깜박여 보세요

부산에 사는 동생 부부와 다시 요양병원을 찾았을 때, 아버지는 여전히 1인 격리실에 있었다. 우리가 부르자 아버지는 눈을 떴다. "저를 알아보시겠으면 눈을 깜박여 보세요."라고 동생이 말하자 아버지가 눈을 깜박였다. 동생 남편이 "저는 박 서방이에요." 하는 말에는 한참을 쳐다본다. 치매 상태에서도 암투병 중인 넷째 딸에게는 반응을 보였다. 이후 내가 몇 번 아버지에게 가족과 영상통화를 연결했을 때도 유독 넷째의 모습엔 미세한 표정을 보였다. 암으로 아내를 잃었는데, 항암치료로 머리카락이 없는 딸을 본 아버지의 마음이 얼마나 미어졌을까.

아버지는 나를 알아보지 못했다. 침대에 묶인 장갑 낀 손을 꺼내서 잡자 손가락을 꿈틀거렸다. "이렇게 온기 있는 손을 만져, 아버지가 살아있음을 느끼게 해주셔서 감사합니다." 저절로 감사기도가 나왔다. 손을 뺄 기미가 느껴졌는지 아버지가 와락 움켜잡았다. 어린아이가 자신을 두고 떠날까 봐 두려워 엄마 손을 부여잡는 그런 심정일 듯했다. 그만큼 아버지는 외롭고 고독한 시간을 보냈다.

격리실 면회를 자주 오면 곤란하다는 연락이 요양병원에서 왔다. 그 뒤로 가족들은 눈치 보느라 열하루 동안 아무도 가지 않았다. 열이틀날에 막내 여동생 부부가 갔더니 아버지가 눈물을 흘리더란다. 갑자기 아무도 보이지는 않고 말은 안 되니 물어보지도 못하거니와 꼼짝달싹 못하는 당신이 얼마나 답답했을까. 버림받은 느낌이라도 들었다면 얼마나 두려웠을까.

며칠 후에는 산정 특례를 받기 위한 의사의 진료가 필요해 아버지는 다른 병원에 잠시 다녀와야 했다. 옮기는 과정에서 아버지는 어떤 마음이 들었을까? 병동에서 구급차로 옮길 때, 오랜만에 봤을 하늘과 바깥공기는 어떤 느낌이었을까? 집으로 돌아간다고 생각했을까? 몸에 또 탈이 나서 큰 병원으로 간다는 생각에 불안했을까? 결국, 병실로 되돌아왔을 때 아버지는 또 어떤 생각을 했을까? 안도감이 들었을까? 이젠 집에 가는 것을 포기했을까?

나는 휴일만 되면 세 시간을 넘게 운전해서 아버지에게 갔다. "너 본 지 몇 년 됐잖아. 아이들 데리고 오너라" 했던 아버지의 음성이 들리는 듯했다. 무심한 딸이 비로소 아버지와 보내는 시간을 영순위로 생각하고 휴일마다 설렌 마음으로 포항에 갔다. 아버지에게 남은 시간은 남겨질 가족들에게, 특히 내게 주는 선물임을 알았다. 진작에 좀 자주 찾아뵐지 뒤늦게 그러냐고 할 수 있겠지만, 자식이 많은 아버지에게 어쩌면 나는 저축해놓은 딸일지 모르겠다. 아버지에게 가장 두렵고 외로울 시간. 나를 알아보지는 못해도 따뜻한 손길로 버림받지 않았음을 느끼게 해주고 싶었다. 아버지와 나만의 시간이 기쁘고 행복했다.

그날도 추위로 차가워진 내 손을 열심히 비벼 따뜻하게 덥힌 상태로 병실에 들어섰다. 아버지 옆의 침상에는 새로 입원한 환자를 맞이하는지 간호사들이 분주히 오갔다. 아버지를 본 순간, 가슴이 철렁 내려앉았다. 침상 위쪽이 비스듬히 올려진 상태에서 아버지의 상체는 흘러내려 옆으로 굽혀진 채 머리는 베개 아래로 꺾였다. 이불은 젖혀지고 환자복 바지는 밀려내려 그대로 드러난 배가 몹시 차가웠다. 창문을 보니 활짝 열어났다. 누가 와서 봐주지 않으면 몇 시간이고 그대로 있어야만 했던, 아버지의 눈빛은 너무나 슬퍼 보였다. 남은 사람을 위한 시간이라는 것조차 내 욕심일 뿐. 그 이후로 눈물을 흘리며 기도했다. "하느님, 저의 아버지를 구원하여 주소서. 평안히 영면할 수 있도록 어서 불러가 주소서!"

이제 아버님 한 분 남았네요

아버지의 슬픈 눈빛이 눈앞에 어른거려 도저히 잊히지가 않았다. 아버지가 버림받았다는 느낌으로 돌아가시게 둘 수는 없다. 아버지를 집에 모실 방법을 다섯째 동생과 작은언니에게 의논했다. 내가 직장을 다니면서 모시는 방법, 재택근무 가능성, 직장을 그만두고 모실 때의 비용 분담 등이다. 언니는 반대다. 요양병원은 누구나 거쳐야 할 관문이고 어설프게 간호하면 아버지도 고생이고, 간호하느라 내 삶의 질이 떨어질 게 뻔하다는 이유다. 동생은 아버지가 체력이 되는지, 장시간 구급차를 타고 가다가 혹여 잘못될 상황과 집에 모시기 전에 준비할 것을 알아보자고 했다. 그래서 여기저기 정보를 찾아보니 복잡한 문제가 많았다. 가장 중요한 것은 의료법적인 문제와 내가 의료처치를 배워서 직접 하고 아버지를 종일 돌볼 시간이 있어야 했다.

아버지가 외롭지 않도록 집에 모실 마음이 있어도, 요양병원에서 천덕꾸러기 모습이어도, 아버지의 슬픈 눈빛에 마음이 아파도 당장 아버지를 모시지 못하는 한계를 받아들이며 슬픔을 감내하는 것이 당시에는 '내려놓음'이라고 생각했다. 우리 남매들의 여러 상황과 입장을 무시하고 갑자기 내 주장만 내세우지 못했다.

노인복지 정책에 너무 무지했고, 돌봄(건강한 생활을 유지하거나 증진하도록 건강의 회복을 돕는 행위) 할 때 필요한 사전 지식과 준비 없이 일은 진행돼 버렸다. 미리 알고 형제들과 의논해 차근차근 준비했다면 시도할 방법은 있었다. 지금 생각하면, 두고두고 한탄스러운 일이다.

병원 로비에 도착하자 병상 하나가 막 빠져나갔다. 아버지 앞에 병상 환자가 돌아가셨다며 "이제 아버님 한 분 남았네요."라고 간호사가 말했다.

아버지는 병실에 사람이 들어오는지 나가는지 아랑곳없이 혼자 덩그러니 남았다. 몇 날 며칠, 하염없이 천장만 바라볼 아버지의 현재 심정이 어떨지 헤아려 보았다. 그나마 같은 병실 환자의 신음이 들렸을 때는 조금이나마 덜 외로웠을까? 다시 혼자 병실에 남게 되어, 외로움을 느낄까? 아버지는 아무 상관도 없었으리라. 그저 흘러가는 대로 갈 수밖에. 온전히 당신 의지는 없는 채로. 아버지는 현재가 이 세상인지 저세상인지, 시간이라는 것이 존재하는지, 그렇다면 언제까지 흘러갈 것이며 마지막이 있기는 할 것인지, 이 세상과 저세상의 차이는 어떤 것일지?

이 세상에서 저세상으로 넘어가는 것은 찰나일 것이다. 넘어가는 것. 그래서 잠시 머물 이 세상의 시간보다, 저세상 영원한 시간에서의 삶이 더 중요할 텐데… 생각의 꼬리에 꼬리를 물다가 문득 떠올랐다. '과연 이 세상 끝자락에서, 현재 아버지의 실낱같이 남은 삶은 어떤 뜻이 있는 걸까?'

80세인 삼촌을 모시고 아버지를 만났다. 아버지는 눈을 뜨고 있었다. 삼촌은 "행님… 저, 동생 왔어요." 쉴 새 없이 눈시울을 훔친다. 변한 아버지 모습을 차마 보기 힘든 삼촌은 당신의 모습을 보는 것 같다며 마음 아파했다.

내가 아버지를 부르며, 작은 칠판에 '셋째딸'이라고 써 보였다. 퀭한 눈은 글씨에 초점을 맞췄다. 그리곤 "으으응으흥" 하고 소리를 냈다. 아버지의 존재를 알리려고 애쓰는 것처럼 보였다. 지난번에는 세속에 티끌만큼도 걸림이 없는 초연한 노 수도자의 눈빛이었다. 이번엔 말은 못 했지만, '나 좀 어떻게 해달라'고 애원하는 애처로운 눈빛이다. 고통에서 벗어나게 해달라고 호소하는 것 같기도 했다. 너무 힘겨워했다. 이렇게 고통스러워하는데 나는 아버지를 도와주지 못했다. 그저 손을 잡아 드리며 "하느님, 저의 아버지를 구원하여 주소서. 이 세상에서의 고통을 멈춰 주시고, 영원한 안식에 들게 해주소서" 기도할 뿐이었다.

죽음보다 더 고통스러운 것은 임종에 이르는 고통이다. 보는 가족도 당사자도 그렇다. 아버지의 오른쪽 팔은 마른 장작같이 살가죽만 겨우 바짝 붙어 빳빳이 굳었다. 손은 주먹을 쥔 채 거의 움직이지 않았다. 머리, 어깨, 가슴, 팔다리는 피부가 건조하다 못해 바스러질 것 같았다. 비닐 벗겨지듯 껍질이 벗겨졌다. 나는 갈라진 땅에 물이 스미듯, 로션을 발라주었다.

아버지가 아기 같은 모습으로 고개를 두리번거릴 때도, 체념한 눈빛일 때도, 죽어가는 작은 생명체일 때도, 내 따뜻한 손길로 아버지 곁에 누군가가 함께 있다는 것이 전달되길 바랐다.

다음에 갔을 때 아버지는 계속 잠을 잤고 손을 잡아도 반응이 없었다. 그때 요양보호사가 들어와 거침없이 아버지의 눈곱을 뗐다. 몇 주 전 요양원에서 어머니가 돌아가신 후, 아이 돌보는 일에서 요양보호사로 전업했다는 그녀는 기저귀를 갈아줄 때도 옷을 갈아입힐 때도 매번 "어르신, 지금 기저귀 갈아 드립니다. 어르신, 지금 얼굴 닦아 드립니다"라고 따뜻한 말을 건넸다. 그 목소리를 아버지는 알아들었다. 망막이 덮여 거의 보이지 않는 눈을 크게 떴다. 나는 아버지의 모습에서 경이로움을 봤다. 갓난아기의 모습과 지금 아버지의 모습은 거의 같았다. 세상에 태어날 때도 보호자의 보호가 필요하듯 돌아갈 때도 온전히 타인에게 의지해야만 하는 모습이 그랬다.

아버지는 이제 엄마와 나란히

의사는 아버지가 위중한 상태라고 말했다. 아무리 자식이 많아도 혹여 영면할 때 아무도 없다면 얼마나 쓸쓸할까. 아버지에게 하느님께 의탁하며 꼭 붙들어야 한다고, 그러면 다른 것은 없어도 괜찮다고 알리고 싶었다. 그래서 갈 때마다 아버지 귀에 대고 '주님의 기도'와 '성가'를 나지막이 불러드렸다. 본가에서 유일한 가톨릭 신자인 나의 행동은 조상들 제사와 엄마 기일제사를 지낸 아버지에게 엉뚱한 일이다.

일본에서 사목司牧을 하는 신부님이 "아버지에게 본당 신부님이 세례를 하면 가장 좋겠지만, 사정이 안 되면 마리아가 대세(代洗, 사제를 대신해서 세례를 주는 일)를 드리면 어떻겠냐"며 대세 주는 방법을 문자로 보내왔다. 평소라면 아버지가 펄쩍 뛸 일이다. 하지만 망설임을 접고 용기를 내서 아버지에게 대세를 주려는 날, 마침 소식이 뜸했던 불교 신자인 큰언니도 함께 자리했다. 큰언니는 의외로 내가 하는 일을 조용히 바라봤다. 게다가 아버지에게 대세 주는 모습을 영상으로 담아달라고 부탁했는데, 그 부탁 또한 들어줬다. 내가 아버지에게 "아버지, 성부와 성자와 성령이신 하느님을 믿으세요? 영원한 생명을 믿으세요?" 하니 아버지가 고개를 끄덕였다. 우연인가? 이어서 "지금까지 지은 죄가 있으면 용서를 청하시겠어요?" 그러자 눈을 또렷이 뜬 아버지는 이를 간절히 바랐다는 표정으로 다시 고개를 끄덕였다. 정말 놀라운 일이었다. "나는 아버지에게 성부와 성자와 성령의 이름으로 세례를 베풉니다." 이마에 물을 조금 뿌리며 대세를 마칠 때까지 아버지는 가장 어린아이 같은 모습이었다. 큰언니는 본의 아니게 증인이 되고 말았다. 훗날 언니는 그때 아버지가 "응. 그래, 얼른 해줘." 하듯이 아기 표정이었다고 남매들 앞에서 증언했다.

사흘 전에 봤던 아버지는 요양병원에 입원한 지 6개월 만인 2019년 3월 21일 오후 5시 22분에 하느님 품으로 돌아갔다. 아버지의 마지막 순간은 아무도 지키지 못했다. 임종 후 15분이 지나서야 외아들이 가장 먼저 도착했다. 내가 밤 열 시 넘어 포항 IC에 들어섰을 땐 아버지는 이미 장례식장으로 옮긴 뒤였지만, 나는 요양병원으로 향했다. 아버지가 마지막까지 있었던 1인 격리실의 침구는 깨끗이 정리되어 아버지의 흔적은 온데간데없었다.

나는 아버지의 마지막 체취를 확인하고 싶었는지 모른다.

입관할 때 보니 구부러졌던 아버지의 무릎은 쭉 펴졌다. 사후에 조치했을 거라고 했다. 구부러진 몸을 관에 맞춘 것도 있지만, 가족들의 불편한 마음을 염려했기 때문이란다. 산 사람들에 의해 아버지의 몸은 또 한 번 어찌할 도리가 없었다.

아버지와 마지막 인사를 하는 의식에서 내 차례가 됐을 때, 나는 아버지의 차가운 이마에 내 따뜻한 입술을 댔다. 존재했던 아버지에게 감사한 마음의 온기를 전하고 싶었다.

엄마의 관이 땅속으로 들어갈 때까지 모두 울며불며 비통해한 기억이 있다. 아버지의 장례식은 조금 달랐다. 묵었던 감정의 화해와 '이젠 다 끝났다'라는 안심이 들어서였을까? 장례식장에는 여기저기서 이야기꽃을 피우기도 했고 웃음소리가 들리기도 했다.

아버지는 엄마의 묘지 곁에 나란히 묻혔다.

삼우제를 마치고 일상으로 돌아가는 고속도로에서다. 차창 밖, 하늘을 봤다. 빨간 저녁노을은 이상하게 마음을 편하게 했다. 마치 아이가 바깥에서 신나게 놀다가 해질 무렵 밥 먹으라는 엄마의 부름에 집으로 돌아가는 모습이 떠올랐다. '아버지는 인생놀이를 마치고 하느님의 사랑이 기다리는 영원한 집으로 들어가셨구나.' 내 안에서 평안한 따뜻함이 올라왔고 감사의 눈물이 흘러내렸다.

아버지의 죽음이 남긴 의미

아버지가 엄마 없이 보낸 노년의 외로움과 죽음에 이르기까지의 모습은 내게 충격을 남겼다. 그것은 내가 생각해보지 못한 일이다. 아버지의 고통과 죽음을 헛되지 않게 할 방법을 모색했다.

아버지의 임종 과정에서 '현재 실낱같이 남은 아버지의 삶은 어떤 뜻이 있는 걸까?'라고 의문을 가졌듯 내가 경험한 아버지의 죽음이 남긴 의미를 찾아야 했다.

현대의 많은 노인이 요양병원에서 죽음을 맞이한다. 홀로 사는 노인이 많아지면서 고독사 또한 점차 늘었다. 이런 현실에서 노인의 돌봄은 언제부터 시작하고 또 어떤 돌봄이 필요한가? 노인들은 왜 요양병원에 가기 싫어하는가? 요양병원은 어차피 거쳐야 할 생애 마지막 관문인가? 비인격적인 죽음을 각오하며 어쩌지 못하고 버림받는 감정을 받아들여야 하는가? 가정과 사회의 돌봄 속에서 임종을 맞이할 방법은 없는가? 노인의 죽음이 한 생명의 변화 과정으로 존중받으며 삶을 마무리할 가능성은 어느 정도인가? 인간은 한 번 겪는 죽음을 준비할 길은 없는가? 생애 말에 인격적인 돌봄을 받는 것과 인간적인 임종을 맞는 일은 자신과 가족, 이웃, 사회 그리고 신과 어떤 '관계 맺음'을 가져야 하는가?

먼저 근원적인 인간이란 어떤 존재인가를 이해하는 접근 방법으로써 생물학, 인간학, 사회학, 철학, 죽음학, 생명윤리학, 신학에서 알고자 했다. 나아가 '생애 말의 돌봄과 인간적인 죽음을 위하여'라는 연구 주제를 정했다. 그것은 "어떻게 죽음을 준비하고, 맞이해야 하는가?"라는 실천의 문제로 연결됐다. 다만 현실에서 실행하기 위해서는 몇 가지 궁금증을 풀어야 했다. 첫째, 노인의 몸과 정신의 기본 특성과 인간적 죽음을 위한 노인의 생각과 감정의 흐름은 어떠한지. 둘째, 노인의 죽음 유형을 분석하고 비인격적인 죽음을 방지할 해결책은 무엇인지. 셋째, 사회복지제도와 연관된 사회보장제도, 생활보호제도, 질병과 요양 대비를 위한 사회구조를 구체적으로 알고 싶었다. 거기서 인간적 죽음을 위해 개인이 할 일과 대비해야 할 세부적인 방법을 찾아내고자 한다.

한 인격체가 생애 말의 돌봄에 이어 인간적인 임종에 이르기 위해서는 사회적 담론화가 필요하다. 사회 시스템과 가족 울타리 안에서의 돌봄과 공동체의 활성화, 정부 요양시설과 호스피스 완화의료기관의 확대 그리고 동네 주택 안에서의 요양시설 역할. 노인들이 가장 원하는 생애 말을 집에서 돌봄을 받으며 임종하는 가정호스피스 등 다양한 시스템을 찾아야 한다. 더불어 모든 과정에는 돌봄을 주고 받는 자의 상호관계가 결정적으로 중요하다. 가족과 친구, 주변인과의 인간관계 그리고 신앙은 임종을 어떻게 맞이하는지에 큰 영향을 미친다.

생명권을 가진 모든 인간은 마지막 순간까지 잘 존재해야 할 책임과 의무가 있음을 인식하며, 생을 다하는 날까지 생명권을 유지하는 노인의 인격적인 돌봄과 임종에 관한 연구를 실천하기로 다짐했다.

그 일환으로 한 인간인 아버지의 죽음을 슬퍼하는 데 그치지 않고 내가 현실에서 실천할 일을 찾기 위해 생명윤리학 박사과정에 등록했다. 그리고 직접 어르신들을 만나기 위해 현장 어디든 뛰어들기로 했다.

제2부
88세 노인의 마지막 인생, 22일 동안의 호스피스 이야기
'호스피스 간병사'로서의 생생한 기록

24시간 간병

2021년. 함박눈이 유난히 자주 내리던 겨울. 처음에 말했듯 열두 평 아파트는 우리 세 식구가 모여 생활하기에 어려움이 컸다. 작은아이가 공부에 집중하도록 차라리 내가 잠시 자리를 비워주는 게 좋을 상황이었다. 게다가 아버지의 죽음으로 인해 생애 말과 임종을 연구하겠다는 의지가 합쳐 오히려 내게 기회가 왔다.

12월, 코로나19 바이러스의 기승은 여전했다. 사람이 모이는 일은 모두 정지됐다. 호스피스병원에서도 마찬가지다. 의료진과 근무자 외엔 모든 자원봉사와 예술요법도 멈춘 상태다. 하지만 나는 보호자를 대신하는 간병인 자리를 겨우 얻어냈다. 돌봄이 필요한 어르신들을 만날 요량으로 한 달 전에 요양보호사 자격증을 취득한 덕분이다.

겨울방학 동안 나는 임종에 이른 어르신 세 분을 가까이서 모시게 되었다.

알고 지낸 호스피스병원 코디네이터는 내게 확답을 요구했다. 24시간 간병일을 정말 할 수 있냐는 것과 남자 어르신인데 가능하겠냐는 거였다. 나는 모두 가능하다고 답했다. 내 아버지의 생애 말을 생각하면, 성별을 따져 차별하고 싶지 않았다. 앞으로 만날 어르신을 한 사람의 존재로 돕고 싶었다.

두 번째 모셨던 어르신의 임종을 함께 지켜봤던 노부인은 장례 일정까지 함께하기를 원했고 나는 기꺼이 응했다. 코로나19로 장례식 풍경도 많이 달라졌다. 조문객이 없는 빈소를 밤새워 지키지 않았다. 잠은 부인 집에 가서 함께 자고 다음날 빈소로 되돌아왔다. 잠들기 전, 부인은 고인과의 추억 보따리를 도란도란 풀어냈다.

다음날 아침. 두 번째로 모신 어르신의 장례가 끝나고 가족과 고인을 태워 떠나는 리무진을 향해 깊이 허리 숙여 인사했다.

장례식장에서 발길을 돌려 전날 입원했다는 세 번째 어르신을 모시기 위해 호스피스병원으로 향했다. 내 차 안에는 간단한 침구며 옷가지가 그대로다.

1일차

·

·

1월 22일

병상과 어울리지 않은 첫인상

환자명: ○○○ 도미니코(M/88)

보호자: ○○○

010-○○○○-○○○○

호스피스병원 코디네이터가 세 번째 어르신의 정보를 보내왔다. 어르신의 며느리와 전화통화로 약속시간을 잡았다. 그녀는 앞으로 어르신과 관계된 일은, 남편인 어르신의 아들과 소통하라고 했다.

두 번째 어르신이 임종실로 옮겨 가기 전까지 있었던 205호실, 그 자리였다.

병실은 2인실이다. 화장실 옆 벽면 쪽에 놓인 긴 의자는 뚜껑을 열면 수납공간이고 덮으면 의자였다가 밤엔 보호자 잠자리로 사용했다. 이웃 병상과 구분되는 가림막 커튼을 긴 의자에까지 함께 둘러치면 외부와 차단되어 아늑하기까지 했다. 긴 의자

위쪽으로 작은 옷장과 낮은 수납장이 나란히 놓였다. 다시 긴 의자에서 다섯 뼘쯤 간격을 두고서 환자의 침상이 있다. 옆 병상은 가림막 커튼을 사이에 두고 바로 붙었다. 창가 쪽 병상 주변은 데칼코마니 그림처럼 안쪽 병상 주변과 똑같다. 단, 두 병상 맞은편엔 냉장고와 벽에 부착된 티브이 아래 공기청정기가 놓였다.

세 번째 어르신의 자리는 창가가 아닌 내부 쪽 침상이다. 병실 문을 열자 어르신의 아들이 자리에서 일어나 인사를 했다. 나는 아들의 인사에 고개를 끄덕여 답례하면서도 세 번째 모실 어르신에게 "안녕하세요?" 인사말을 건넸다. 그는 침상에 기대어 반쯤 앉은 자세로 미소 지으며 나를 맞아주었다. 〔'어르신'을 '그'라는 호칭으로 사용했다. 이유는 죽음 앞의 시간에서 돌봄을 주는 자(강함)와 돌봄을 받는 자(약함) 또는 고용인과 피고용인의 수직관계가 아니라 한 인격과 인격의 만남으로 잘 표현될 거라고 생각했다. 그리고 다른 어르신과 호칭이 헷갈리고 글 흐름에서도 '그'라는 어감이 더 자연스러워 보였다.〕

그는 이상하리만치 병상과는 동떨어져 보인다. 앞서 모신 두 어르신은 거의 잠만 자거나 의식이 없는 상태에서 만났다. 그러다 보니 어떤 행동을 하기 전에 "어르신, 체위 변경해드릴게요."라고 알리는 식의 소통은 매사 일방적이었다. 그랬기에 초점을 갖고 나를 응시하는 그가 오히려 낯설다.

숱이 많은 그의 머리는 앞부분만 드물게 은빛이고, 거의 까만색에 가깝다. 아랫입술과 얼굴 여기저기에 핀 작은 검버섯이 그가 노인이라는 것을 말해줬다. 배는 복수가 차올랐지만, 몸이 말라서 체구는 작아 보였다. 원래 목소리인지 병 때문인지 센소리를 냈는데 절도가 있으면서도 자상하게 느껴졌다. 그에게서 조용한 카리스마가 풍겼다.

"가족만큼은 아닐지라도 마음을 다해서 도와드릴게요."라는 말에 그는 기특했는지 이런저런 질문을 했다. 내가 "그동안 박물관 학예사로 일했고 죽음학을 공부했고, 현재 생명윤리학 박사과정에 있어요."라고 소개말을 마치자 그는 "내가 제대로 잘 왔군."이라고 말했다. 그와 나는 죽음을 맞이할 준비가 된 사람들이었다.

그의 아들은 이야기 나누는 모습을 보더니 한 마디 거들었다. "아버지가 교장 선생님이셨거든요. 그래서 자꾸 가르치려 하실 거에요." 그리고는 두 사람이 잘 통할 것 같다며 웃음을 짓곤 자리를 떠났다. 그랬다. 나는 그의 가르침을 받는 게 재밌고 좋았다.

그를 만난 첫인상은 '뜻밖'이다. 걸어서 화장실에 가고, 앉아서 입으로 식사를 하고, 눈을 마주하고 대화를 할 수 있어서.

여한 없어, 편안히 죽고 싶어

아들이 돌아간 후, 그는 이어서 말했다. "부끄러움 없이 살았고 여한 없이 잘 살았지. 이제는 편안히 죽고 싶어." 그의 마지막 소망은 편안한 죽음이었다.

"편안히 죽고 싶다!" 이것만큼 생애 마지막 큰 소망이 있을까. 태어날 때 모습은 거의 같다. 하지만 죽을 때는 천차만별이다. "밤새 자다가 죽고 싶다."라는 어르신들의 말씀이 얼마나 큰 바람인지, 많은 죽음을 보고 나서야 알았다.

호스피스병원에서 만난, 자궁암으로 병마와 싸우다 꽃잎처럼 떨어져 나간 열세 살 소녀. 뇌종양으로 십 개월의 세상 빛만 허락하고 죽음이 낚아채 가버린 아기. 살을 에는 추위를 못 견뎌 죽을 마음으로 건물 꼭대기에 올라갔지만 한 발 내디딜 용기가 없어 못 죽었다던 노숙인은 성당 근처를 맴돌다 코로나19 전염병이 돈 이래로 보이지 않았다.

그리고 2014년도 일이다. 사인은 심장마비였지만, 변기에 구토물과 침상엔 몸부림친 흔적을 봐선, 얼마나 고통스러워하며 홀로 생을 마감했는지 가늠되었다. 이틀 만에 발견된 전 남편의 죽음이었다. 평탄치 않은 결혼생활이었지만 죽음 앞에서 모든 감정은 다 사라져버렸다. 한 인간의 허무한 죽음 앞에서 상실의 슬픔만이 존재했다. 장례절차며 이후 모든 일을 순리대로 따랐다. 그리고 내가 죽으면 함께 묻어달라고 하려던 묵주가 있었는데, 그 묵주를 입관할 때 그의 가슴에 놓아주며 속으로 다짐했다. '당신을 다시 기억하겠다!' 고통스러운 기억 때문에 지우고 싶은 사람이었다. 귀천歸天에 이르러서야 고인이 원했던 일, 가족과 진정으로 결합하고 화해를 했다. 비록 육은 떠났지만, 영혼으로.

죽음의 모습은 사람의 얼굴만큼 다양했다.

삶을 살아온 태도가 죽을 때 나타난다고 생각했다. 삶의 모습과 죽음을 맞이할 때 모습은 같다고 말이다. 이 말은 반은 맞고 반은 틀리다. 미리 수의를 준비하고 죽을 자리와 사후 처리 문제를 생각한들 의지대로 다 되던가. 힘없는 대부분 노인은 말년에 보호자의 뜻을 거스르기 어렵다. 어르신들은 말한다. "죽음은 무섭지 않다. 죽기까지가 두려울 뿐이다." 그러니 목숨은 이 세상에서 죽으면 그만이다. 마지막을 정리하는 것은 남은 사람의 몫으로 처리된다.

그가 혼잣말처럼 한 고백은 호스피스 병실에서 듣기에 완벽한 말이라고 생각했다. 얼마 안 남은 자신의 삶을 총정리하는 이 시간, "부끄러움 없었다"는 말에서 그의 올곧은 성품과 삶의 당당함을 느꼈다. 한 일가를 이룬 '아버지'란 존재의 정신적 지주가 되는 든든함과 어른의 권위가 있었다. "여한 없이 잘 살았다." 얼마나 더 바랄 나위 없이 살았다는 것인가. 한평생 최선을 다한 그의 삶의 태도가 엿보였다. 이제 구십을 바라볼 즈음, 때가 되어 편안히 죽고 싶다는 바람을 들으면서 앞으로 그와의 시간이 순조로울 것 같았다.

오전에 나눈 대화치고는 무거웠지만, 편안히 죽고 싶다는 그의 마음엔 희망이 어렸다.

점심으로 나온 미음엔 손도 대지 않은 그는 손가락 한 마디 정도 되는 떡볶이 하나를 먹었다. 한입 크기인 동치미 무를 조금 먹었지만, 국물은 한 공기 다 마셨다. 계란찜은 한 숟가락 먹었다.

집에서 주로 먹었다던 식사대용 음료는 쳐다도 안 봤다.

걸어서 화장실까지

오후 1시쯤. 그는 소변을 보겠다며 침상에서 내려와 부축 없이 화장실로 천천히 걸어갔다.

2021년 1월 2일에 만나 9일 동안 돌봄 해드린 첫 번째 어르신은 소변줄을 이용해 소변통에 소변을 받아냈다. 혹시 소변이 새거나 대변을 대비해서 기저귀를 채웠다. 요도가 점점 벌어지면서 소변줄이 맞지 않아, 기저귀에 자주 소변이 새곤 했다. 그래서 기저귀를 자주 갈고, 엉덩이와 사타구니에 상처 치료제 가루를 뿌려 욕창을 방지했다. 다행히 의식은 있어서 스스로 엉덩이를 간혹 뒤척였다.

첫 번째 어르신 얘기를 좀 더 하자면, 짧았지만 사랑으로 가득한 복된 임종 시간이었다. 2020년 12월 29일 처음 입원해서 나흘 동안은 노부인이 간병을 했는데 어찌나 힘들게 했는지 도저히 감당이 안 되어 간병사를 요청했다. 마침 내가 갔을 때는 기류가 꺾일 때였는지 안정을 찾았다. "식사하고 올게요." 내가 말하면 고개를 끄덕이거나 간호사가 안부를 물으면 "그런 대로"라며 간단한 소통 정도는 했지만, 점점 의식은 혼미한 듯 거의 천장만 바라보거나 잠을 잤다. 어르신의 외동딸은 아버지를 향한 애절한 마음에 시간을 가리지 않고 자다가도 달려와 잠든 아버지를 한참 바라보곤 돌아갔다. 예전의 내 마음을 보는 듯 너무도 이해가는 모습이었다.

내가 간병한 지 나흘째 된 날 오후. 어르신이 얼굴을 찌푸리며 어렵사리 뭔가를 요구했다. "침대를 올리라고요?"하며 올렸더니 더욱더 올리라고 했다. 뜻밖에도 앉고 싶은 거였다. 툴툴 털고 일어날 듯 등받이 없이 허리를 펴고 앉았다. 모두가 깜짝 놀랐다. 그대로 임종기에 들어설 것 같던 어르신이 거짓말처럼 허리를 펴고 앉은 데다가 "내 목소리가 왜 이래?"하며 정신도 또렷하게 돌아왔기 때문이다. 정말이지 죽음을 앞둔 사람이라고 없는 사람 취급하며 함부로 말하고 행동해선 안 될 일이다. 내친김에 휠체어로 옮겨 태워 아래층 로비를 한 바퀴 돌아 성당 제대祭臺 앞에 멈추었다. 내가 다리를 주무르며 기도를 하거나 성경을 읽어주어도 무덤덤했던 어르신이었지만 이때만큼은 고요히 십자가를 바라봤다.

결혼한 외동딸과 사위, 손주들에게는 각별한 사랑을 표현한 것과 달리 부인에게는 무심했던 어르신은 노부인이 다가오자 활짝 웃음지어 보였다. 며칠 뒤, 임종실로 옮겨진 아버지를 안쓰러워하는 엄마에게 외동딸이 말했다. "불쌍해하지 마." 마음 고생시킨 아버지 때문에 너무 아파하지 말라는 뜻으로 딸이 말하자 "그래도…. 죽잖아."라며 눈시울을 훔쳤다. 어르신이 돌아가시고 난 훗날 부인의 집에서 만났을 때 내게 말했다. "얘기를 들어줄 사람이 없는 거야. 예전처럼도 좋으니까 곁에 있었으면 좋겠더라구." 첫 번째 어르신은 세상 끝에서 부인에게 따뜻한 미소로 인사할 기회를 놓치지 않아서 얼마나 다행인가.

1월 12일에 만난 두 번째 어르신은 기저귀에 소변을 봤다. 그래서 윗옷까지 젖을 때마다 갈아입혔다. 워낙 체구가 좋은데다 몸을 전혀 움직이지 못해 애를 먹었다. 하지만 요양보호사 실기 교육 때를 떠올려 맨 먼저 오른쪽 옷 소매부터 팔을 빼냈다. 이어 상체를 왼쪽으로 반쯤 돌리면서 옷을 벗긴 뒤, 그 상태에서 오른쪽부터 새옷으로 갈아입혔다. 벗기고 입히는 일을 같이 진행했다. 방법을 알고 하니, 환자 몸이 무거워도 거뜬히 해냈다. 허리에 좀 무리가 갔지만. 욕창 방지를 위해 체위는 두 시간마다 바꿔주었는데, 이웃 병상의 보호자가 종종 도와주었다. 침대 아래로 내려온 환자를 위로 올리거나 반시트를 갈 때는 간호사 세 명이 붙어 나까지 네 사람이 달려들었다. 나중에 소변줄을 달게 되면서 윗옷 젖는 일이 줄어 한결 수월했다.

어르신들은 공통으로 변비가 심하다. 오죽하면 간호사가 손가락으로 딱딱하게 굳은 변을 빼냈을 때 반가운 나머지 냄새마저 구수하게 느껴질까. 엄마들이 어린 자식의 변 색깔과 냄새를 더럽게 느끼지 않고 건강을 확인했듯 말이다.

　너무나 당연했던 일. 대소변을 해결하기 위해 스스로 몸을 일으켜 세워 화장실까지 걸어가서 배출하는 일은 순식간에 일어난다. 하지만 타인에게 일일이 도움받아서 생리적 문제를 해결할 때는 동작 하나하나가 천천히 벌어진다. 이 일을 겪지 않고선 '당연한' 일이 얼마나 '대단한' 일인지 결코 모른다.

　언젠가 허리가 너무 아팠을 때였다. 화장실에서 볼일을 보고 엉덩이를 씻으려는데 손이 돌아가지 않았다. 혼자서 낑낑대며 얼마나 난감했는지 모른다. 짧은 시간에 참 많은 생각이 머리를 스쳤다. 언젠가 스스로 몸을 돌보지 못할 때가 오면 그땐 어쩌나…. 타자에게 내 엉덩이를 맡길 때 드는 감정. 내 몸을 돌봐줄 사람이 누가 있을까. 딸이 있었다면 아들보다는 좀 수월할까. 쪼그려 앉아 내 몸을 씻는 것이 얼마나 감사한 일인지 그때 알았다.

　의치라도 음식물을 잘 씹고, 사레들리지 않으면서 목구멍으로 잘 넘기고, 소화 잘 시키고, 배설을 잘 할 수 있다는 것. 생명을 유지하는 기본적인 일이 언제나 가능한 것은 아니었다.

　틀어진 틀니로 음식물을 제대로 못 씹어 입안에만 물고 있던 한 어르신이 떠오른다. 늘 초코파이나 커피 같은 간식을 주로 먹어 설사를 지렸다. 그리고 어르신들은 자주 사레 걸리거나 기도가 막혀 응급상태로 이어지기도 한다. 노인의 몸은 기능이 잘 돌아가기만 해도 감사할 일이다.

화장실에 혼자 들어간 그가 혹시라도 도움이 필요할까 싶어 문밖에 서서 귀를 기울였다. 소변을 보는 데는 시간이 좀 걸렸다. 그랬든 저랬든, 혼자 옷도 내리고 올리고 손을 비누칠해 씻는 것에 감사하며 나올 때까지 묵묵히 기다렸다.

천국이다, 이런 경험 처음이야!

창가 쪽 병상에 누운 50대 초반의 젊은 남자는 말 한마디조차 하기 힘들어한다. 벽면 가운데 놓인 티브이 소리에도 예민하다. 그러자 그는 옆 병상 환자를 배려해 뉴스 보는 것을 포기했다. 주변 사람의 사정을 살피는 그의 배려심에 어른의 온유함을 느꼈다.

마음과 몸을 이완하는 데는 발마사지가 그만이다. 오래전 일이다. 저리고 아프다는 엄마의 다리와 발을 주무르긴 했어도 맨발에 로션을 발라 마사지를 한 것은 그날이 처음이었다. 시원하다며 좋아하는 엄마의 모습에 나까지 덩달아 기분이 좋았다. 그래서 내친김에 옆에 있던 이모의 발도 해주고 싶었다. 머뭇거리는 이모에게 괜찮다며 양말을 벗겼다. 어릴 때 앓았다던 이모의 발은 변형된 새끼발가락에 뒤꿈치는 몹시 거칠었다. 나는 순간 움찔했다. 하지만 물리기엔 난감했다. 나는 눈 딱 감고 이모의 발을 만졌다. 쑥스러워하며 자신의 약점인 발을 내준 이모는 마사지를 받고 무척 좋아했다. 그 후로 나는 환자의 발이든 노인의 거칠고 무좀 있는 발이든 만지는 데 망설임이 없다.

손도 그렇지만 발은 한 사람이 살아온 자취를 날 것으로 드러낸다. 마치 속내를 들키듯 내놓기 민망하다. 폐휴지를 줍던 어느 어르신은 온갖 고생한 서사를 말해 주는 뭉그러진 발을 우연히 보이기 전까지 절대로 내보이지 않았다. 눈에 띄는 손과 달리 발은 양말 속으로 신발 속으로 언제든 감출 수 있다. 작정하고 마사지를 받는 경우가 아니라면 남에게 발을 턱 내밀며 만지라고 하긴 쉽지 않다. 그래서 자신의 발을 내맡기는 것과 타인의 발을 만진다는 것은 마음을 열고 신뢰를 쌓는 행위다.

어르신과 환자들은 한 번 발마사지를 받고 나면 대다수 그 시간을 기다렸다. 그래서 호스피스병원에는 환자의 마음을 이완하는 데 효과가 있는 아로마 향을 사용해 발마사지 해주는 봉사자가 있기 마련이다. 현재는 코로나19로 봉사자가 출입을 못 하는 형편이다.

티브이 소리도 안 나는 병실에서 할 일을 생각해냈다.

"발마사지 좀 해드릴까요?"라는 말에 그는 고개를 끄덕이며 순순히 받아들였다. 때때로 그는 반말과 존댓말을 섞어 사용했다.

"좋아요."

마침 보호자가 사놓은 로션과 오일을 듬뿍 덜어 발에 발랐다. 발바닥과 발가락을 엄지손가락으로 꾹꾹 눌러 지압을 했는데, 새끼발가락과 넷째 발가락 사이가 살짝 짓무른 것을 발견했다. 그는 멋쩍어하며 무좀이 좀 있었단다. 내가 보기에 무좀은 아니고 발가락 사이가 습해서 생긴 듯했다. 내게도 이런 일은 종종 있던 터다. 소독거즈로 한 번만 소독하고 발가락 사이를 벌려주면 금세 좋아질 성싶다. 소독거즈는 병원에서 흔하게 사용하는 물품이라 간호사실에 부탁했다. 간호사는 환자 발가락 사이가 짓무른 것을 몰랐다는 사실만으로도 놀라 한달음에 달려왔다. 그리곤 발가락을 확인하더니 그냥 통풍만 되게 해 주라면서 돌아갔다. 나는 속으로 소독거즈로 한 번만 꾹 눌러주면 좋으련만, 아쉬움을 달래며 마른 거즈로 발가락 사이를 벌려 통풍을 시켰다.

오일로 마사지를 하고 뜨거운 물수건으로 발을 감싸 찜질을 할 때, 그가 말했다.

"남에게 발마사지는 평생 처음 받아봐. 최고야!"

그 후로 나는 매일 저녁마다 일과를 마무리하듯 얼굴과 발을 마사지해줬다. 내 손이 빨갛게 익을 정도로 뜨거운 물수건을 꼭 짜서 식을세라 그의 발을 감싸면 어김없이 그는 감탄의 어록으로 보답했다.

"천국이다. 이런 경험 처음이야! 별세계야!"

"이 발로 열심히 사셨잖아요. 감사합니다."

부모님 세대의 고생을 생각하며, 그의 발이 호강 받아 마땅하다는 내 말을 받아 그는 옛날이야기를 펼쳐냈다.

"내가 축구선수였어. 선생님이 아예 선수로 나가라고 하기에, '저는 100미터를 12초밖에 못 뛰니, 못합니다. 대신 공부를 하겠습니다' 그랬어."

그를 침대에 누인 채 반시트를 올리거나 아래로 밀린 몸을 위로 올릴 때면, 내가 일하기 수월하도록 그는 어깨나 엉덩이를 들썩여줬다. 서로에게 조금씩 협조하며 방법을 터득해 나갔다.

병상에서 내려오려고 그가 일어나 앉으면, 나는 한쪽 손바닥을 그의 허리에 대고 다른 한 손은 엉덩이를 잡고 동시에 돌렸다. 그러면 힘들이지 않고 다리는 침대 아래로 떨어졌다. 나는 한 발씩 공손히 두 손으로 받아 슬리퍼를 신겨 바닥에 내려놨다. 매번 이 단계를 그와 나는 찬찬히 진행했다. 그는 자신의 발을 내려다보며 말했다.

"발이 미인이 되었네."

몸의 증상과 꿈의 공통점

배가 살살 아프고 변이 나올 것 같다며 그는 몇 번이고 화장실에 갔지만 거듭 실패했다. 나는 화장실 안에서 손 씻는 기척이 날라치면 얼른 다가가 불편하지 않도록 도우면서 변을 봤는지 살폈다. 그것은 이내 우리의 공동 목표가 되어 '변을 봤냐고' 결과를 직접 묻기도 했다. 나중에는 표정만 봐도 알았다.

드디어 밤 열 시 반. 까맣고 딴딴한 변이 조금 나온 끝에 묽은 변이 제법 나왔다. 그는 치켜올린 바지춤을 두 손으로 움켜쥐고 엉거주춤 선 채, 화장실 문밖에 있는 나를 불렀다. 변기 물을 내리기 전에 보여주기 위해서다. 축하한다며 함박웃음을 짓는 내게 길이 5센티 정도 된다며 간호사에게 알릴 정보까지 덧붙였다. 변기 물을 시원스레 내리고 화장실 문밖에 나올 때 그의 표정은 세상을 다 얻은 듯했다.

난 참 꿈을 많이 꾸는 편이다. 결혼생활이 불안한 시기엔 하루가 멀다고 쫓기는 꿈을 꿨다. 나의 심리가 무의식인 꿈에 나타난 거다.

한번은 내가 피정* 갔을 때의 일이다. 새벽녘이었다. 꿈속을 헤매다가 아들이 죽는 장면에 다다랐을 때 전화벨이 울려 깼다. 작은아들이 갑자기 숨쉬기 힘들어해서 응급실에 실려 왔다는 큰아들의 전화였다. 내가 악몽을 꿨을 때와 작은아들에게 일어난 일이 거의 같은 시각에 벌어졌다.

내게는 오랜 습관이 하나 있다. 새벽에 잠이 깨어 성경을 읽다가 눈이 몽롱해지면 기도상 앞에 그대로 쪼그리고 눕는데 다시 한숨 잠이 든다. 이때도 꿈을 꿨다. 고민한 문제나 며칠째 깊이 생각한 주제가 꿈결에 나타났다. 내가 꿈을 꿨다는 사실을 무의식에서 의식으로 넘어올 즈음, 어렴풋이 안다. 이때 꿈 내용이 사라지기 전, 불을 켜지 않은 채 머리맡에 놓인 꿈 노트를 더듬더듬 찾아 메모했다. 글씨체는 지렁이 지나가듯 거의 알아보기 힘들다. 완전히 의식이 돌아오면 생생한 꿈 내용은 가물가물하지만, 정신은 아주 맑은 상태가 된다. 이때 방금 쓴 꿈 내용을 옆자리에 정확히 옮겨 적는다. 이어서 근래 일어난 일을 적고, 떠오른 생각을 다시 메모했다. 그러면 현실에서 내가 놓친 일을 깨닫고 해결점이 선명해졌다.

그래서 꿈은 내게 중요한 메시지였다.

---

* 일상생활에서 벗어나 성당이나 수도원 같은 곳에서 묵상이나 기도를 통하여 자신을 살피는 일.

첫날부터다. 배가 살살 아프고, 이상한 잡동사니 꿈을 많이 꾼다고 그가 말했다. 첫날 꿈 내용은 말하지 않았다.

몸에 나타나는 증상과 꿈에 나타난 이야기엔 공통점이 있다. 그것은 현재와 앞날의 일을 알려준다는 것. 배가 아픈 증상과 이상한 꿈은 그의 몸 안에서 일어나는 현실이고 얼마 지나지 않아 일어날 일을 예견했다.

2일차

·

·

1월 23일

선택한 풍경과 햇살

"저쪽, 이사하려는 모양이야."

"네?"

"다른 병실로 가면, 창가 쪽으로 가겠다고 말해봐."

그는 이웃 병상의 환자와 보호자가 다른 병실로 옮기려고 한 말을 들은 모양이다. 실제로 짐을 꾸리는 기색이 보이자 얼른 간호사실에 말해보라며 내게 속삭였다. 나는 간호사실에 가서 옆의 환자가 다른 병실로 옮기는지 확인하곤 그의 말을 전했다. 간호사는 창가 쪽이 추워서 다른 보호자들은 안쪽을 선호하니 보호자와 신중히 의논해 보란다. 아닌 게 아니라 창가 쪽 긴 의자에서 잠을 자던 보호자들은 틈새 바람이 차다며 벽에 천을 대기도 했다. 어떤 보호자는 밤이 되면 긴 의자를 티브이 아래쪽으로 옮겨 자기도 했다. 하지만 나는 환자의 침상에까지 찬기가 드는지는 몰랐다. 병원 관계자는 곧 창틀을 보수할 거라고 했다.

그의 작은아들에게 전화를 걸어 상황을 말했다. 처음에 그의 아들은 추위 때문에 그대로 있기를 바랐다. 하지만 그가 한 말을 자세히 전하자 "아버지가 그렇게 말씀하셨다면 하고 싶은 대로 하실 거예요."라며 창가 쪽으로 옮기는 데 동의했다. 그는 신중했지만 결정하거나 입 밖에 뱉은 말은 꼭 실행했던 성품이었나 보다. 교장 선생님으로서 살아온 자세이지 않았나 싶다.

그의 말대로 이웃 환자는 특실로 옮겨갔다. 나는 창가 병상 쪽으로 짐을 옮겼다. 바로 옆이지만 짐을 다 옮기느라 부산스러웠다. 정리를 다 끝낸 후 그의 침상을 바깥 풍경이 보이는 햇살 가득한 자리로 밀었다. 그리고 블라인드를 맨 꼭대기까지 올려 제쳤다. 창문 가득 나무들이 시원스레 보였다. 그와 나는 창살로 들어온 햇살을 받으며 숨을 크게 들이마셨다. "흐…. 흡. 좋~다!" 그깟 추위쯤이야 견뎌내고도 남을 만큼 자연의 풍광과 햇살에 그는 만족스러운 표정이다.

이사를 끝낸 후 그는 보행보조기를 잡고 병동 복도와 중앙홀을 천천히 산책했다. 나는 안전을 위해 반걸음 뒤에서 그를 따라갔다. 그는 병실 문에 붙은 환자 이름과 나이를 유심히 바라보며 걸었다. 중앙 간호사실을 지나갈 때 간호사가 웃으며 "어머! 나오셨어요?" 건네는 인사에 그는 고개를 끄덕이며 환한 미소로 답례한다. 그의 발걸음은 계속됐다. 그의 눈길이 문에 붙은 명칭을 훑었다. 가브리엘실(여긴 임종실이었다) 그 옆으로 통합사무실, 린넨실, 가족 휴게실, 화장실, 샤워실, 상담실을 거쳐 돌아온 중앙홀 의자에서 잠시 쉬었다. 나란히 앉아 통유리 밖 풍경을 가만히 바라봤다. 다시 일어나 한 걸음 떼자 벽면 책꽂이로 눈길이 멈췄다. 책 몇 권을 살펴봤다. 그는 이해인 수녀의 책을 골랐다.

그가 있던 안쪽 병상엔 아직 입원 환자가 없다. 1인실처럼 조용하다. 그는 한가로이 병상에 기대어 책을 읽는다. 오전 햇살은 그의 얼굴에도 하얀 시트 위에도 따사롭게 비쳤다. 나도 긴 의자에 앉아 책을 읽었다.

나뭇가지 위로 소복이 눈 쌓인 풍경은 창문을 가득 채웠다. 그의 눈길은 자주 창 쪽으로 향했다. 식사할 때도 약을 먹을 때도 물을 마실 때도. 창가로 옮긴 선택은 더할 나위가 없었다. 눈도 마음도 정신도 맑은 평안한 시간이었다.

불쑥불쑥 나타나는 죽음의 그림자

점심 전. 긴 의자에 앉아 수건을 개키다 무심히 그의 병상으로 눈길을 보냈다. 잠든 줄 알았던 그가 어느새 깨어, 아득한 허공에 시선을 둔 채 무표정하게 누워 있었다. 순간, 독특한 분위기에 나는 움찔했다. 죽음 앞에 있는 그. 그의 현 존재를 봤다. 과거의 그도 아니고, 앞으로의 그도 아닌 오롯이 죽음에 직면한 그다. 여기로 오기 전 투병하는 일 년 동안 집에서 혼자 지낸 시간이 많았다던 그는 불쑥불쑥 찾아오는 죽음의 그늘과 자주 대면했을 거라는 생각이 들었다. 죽음의 과정에선 대체로 누군가가 곁을 지키겠지만 '죽음'이라는 정체를 대면하는 것은 오롯이 혼자의 몫이다. 두 번 겪지 못할 일을 혼자 견뎌내야 하는 것. 얼마나 생소하고 두려웠을까?

그가 죽음의 그늘에 있는 동안, 나는 꼼짝하지 않은 채 그의 곁에 있을 뿐이다.

환자를 대하는 것

그는 병상에 있기보다 보호자 자리인 긴 의자에 앉는 걸 좋아한다. 화장실에 다녀와 긴 의자에서 쉬는데 큰아들이 왔다. 그가 환히 웃으며 주먹을 내밀자 큰아들이 주먹을 부딪쳐 인사를 나눴다. 나의 아버지는 딸 여섯에겐 다정했지만, 막내이면서 외아들인 남동생에겐 유달리 엄했다. 그래서인지 부자의 주먹 인사법은 내겐 무척 낯설었다. 그가 "최고다! 좋다!"라며 엄지손가락을 세워 보인다. 호스피스병원에 입원한 소감을 표현한 것인데 아들에게 마음을 놓으라는 뜻이다.

큰아들은 나를 병실 밖으로 불러냈다. 내가 쉴 날짜를 정하면 그땐 자신이 오겠다는 말을 하기 위해서다. 환자에게 굳이 숨길 내용은 아니지만, 환자를 배려하는 마음 씀씀이였다. 보호자나 종사자 혹은 의료진조차도 환자 앞에서 무심함을 드러내곤 하는데, 그 세심함에 적잖이 감동했다.

병실로 돌아와서 큰아들은 그가 부탁한 그의 전시회 도록 세

권과 내가 부탁한 그의 입맛을 돋울 딸기 한 팩, 양치 컵으로 사용될 종이컵, 일회용 장갑 등을 내밀었다. 더 할 일이 없자 이내 돌아갔다. 딸의 입장을 가진 내 마음 같아서는 아버지와 산책도 하고 다리도 주물러주고 대화도 하면서 함께 시간을 보냈으면 좋았겠다는 아쉬움이 남았다.

나의 큰언니는 요양병원에 있는 아버지에게 자주 가지 않았다. 아버지의 모습을 보는 게 너무 힘들기 때문이란다. 큰 언니는 엄마가 암투병할 땐 수발을 들었고 임종기엔 가장 가까이서 간호했다. 하지만 세월 따라 자신도 나이 들고 다리가 아파보니 아버지의 모습에서 자신의 모습이 자꾸 보인다며 요양병원에 가기를 두려워했다. 아버지 돌아가실 즈음이나 보고 싶다던 큰언니는 정말 그렇게 했다.

그의 큰아들은 왜 용건만 보고 서둘러 갔을까? 간병사가 불편할까 봐 배려한 건지도 모른다. 어쩌면 죽음을 앞두고 호스피스병원에 있는 아버지에게 무슨 말을 하고, 어떻게 대해야 할지 난감했는지도…. 익숙한 일이 아니었을 테다.

그래서 호스피스병원에서는 입원한 환자 가족들에게 간단한 교육을 한다. 환자가 원하는 것, 가령 술이나 담배일지라도 원하면 하게끔 해주라고. 아무 할 말이 없으면 손이라도 잡아주면

된다고. 의식 없는 환자일지라도 손을 자주 잡아주라고 하는 건 간병사에게도 해당한다. 사람의 체온을 느끼도록 손을 가만히 잡아주는 건 말이 필요 없을 정도로 환자에게 위안을 주는 행위다.

사실 대체로 사람들은 병문안을 오면 어색해 어찌할 바를 모른다. 환자에게 단순히 필요한 일, 화장실에 함께 가준다거나 물을 떠주거나 안부 인사를 나누고 나면 딱히 할 일이 없다. 그리고 죽음에 가까운 사람을 대하는 것이 영 불편한 마음이 들어 피하고 싶은지도 모른다. 집에서 임종하고 장례를 치르던 예전과 달리 현대 사회는 죽음을 가까이서 경험할 일이 거의 없어서인지 너무나 낯설기만 하다. 그래서 죽음은 자신에게는 절대 일어날 것 같지 않은 일인지도 모른다.

우리나라는 네모문화

"우리나라는 네모문화야. 반듯하게 살려고 했어. 이런 것도 비스듬히 놓인 걸 못 봐."

그는 식판을 옆으로 밀었다가 바로 놓으며 예를 들어 말했다. 그의 표현은 쉽고 간단하다.

식판조차도 반듯하게 놔야 하는 그와 달리 나는 물건이 제멋대로 놓여도 불편하지 않다. 20여 년을 미술관과 박물관으로, 아파트 앞 개울가로, 수리산과 청계산 숲속으로 돌아다니며 초등학생들에게 체험 미술교육을 했던 내게 옆으로 새나간 선은 하나의 '독창성'이다. 돌이켜 보면 그때가 가장 몸과 마음이 자유로웠다.

박물관 학예사로 근무하면서부터 내 안에 고지식하고 꼼꼼한 성격이 드러났다. 학예사는 전시 기획을 하든 교육을 진행하든 평가하고 보고하는 행정 일을 해야만 한다. 이 일을 하면서도 나는 온전히 창의적인 작업만 하는 '작가' 일을 그리워한 습성이 남아서인지 오랜 세월 정리되지 않은 습관을 완전히 떨쳐 내지 못했다.

지금 시간에서 만난 그와 나는 달랐지만 있는 그대로 존중한 다. 환자와 간병사는 24시간을 함께 보내기 때문에 마음이 틀 어지면 서로가 상처를 받았다. 그래서 환자가 간병사를 여러 번 바꾸거나 간병사가 그만두는 경우를 간혹 봤다.

창틀 주변에 늘어놓은 내 책과 자잘한 물건 때문에 어쩌면 그는 어수선함을 느꼈을지도 모른다. 하지만 그는 내색하지 않 았다.

그의 반듯함은 지금 상황에서 빛을 발해 흐트러짐 없는 '정 신'이 되었다. 오히려 그의 고요한 '정신'에서 나의 역동적인 '정 신'은 안정감이 들었다. 사람은 죽어가면서도 타인에게 좋은 영 향을 끼쳤다.

간병사님은 증상만 말해 주세요!

그가 계속 잠만 잤다. 이상하게 여긴 나는 담당 간호사에게 그가 어떤 약을 먹은 것인지 물었다. 그런데 갑자기 담당 간호사를 제치고 다른 간호사가 나서며 말했다. "간병사님은 보호자도 아닌데 우리가 말할 의무는 없어요. 환자 증상만 말하세요!" 간호사의 태도에 나는 어리둥절했다. 24시간 간호하는 사람이 환자의 상황을 알면 왜 안 되는지 이해가 안 됐다. 어쨌건 간호사가 정색하며 단호하게 나오니 나는 영문도 모른 채 병실로 되돌아왔다. 잠시 후 담당 간호사가 와서 약을 주며 "진통제예요."라고 슬쩍 귀띔해 주고 나갔다.

내가 처음 간병사로 호스피스병원에 와서 첫 번째 어르신을 간병할 때였다. 병원 코디네이터는 당직 간호사들에게 간병 경험이 없는 나를 잘 가르쳐 주라며 당부했다고 한다. 게다가 잘 알고 지내던 간호사는 내가 예술치료사며 호스피스 관련 책을 냈다는 이야기까지 한 터라 간호사들이 병실을 돌 때 넌지시 내게 물었다. 덕분에 소변통을 비울 때 소변줄 소독 방법이며 실제 기저귀 가는 본보기를 보여줘 도움을 받았다. 노련한 간호사는 여러 장소를 안내하며 환자를 돌보다 궁금한 점이 생기면 내 판단대로 하지 말고 꼭 간호사들에게 물어보라고 조언했다. 그래서 나는 병동에서 물품을 사용하거나 환자를 간호할 때 의문점이 생기면 물어보고 신중하게 행동했다.

이른 아침. 1차로 간호사 서너 명이 병실을 돌기 전에 나는 병상 시트와 환자복을 정돈해 놓았다. 아는 간호사의 귀띔대로 했더니 역시 간호사들이 매우 흡족해했다. 가족이 간병할 경우는 간호사가 직접 환자의 기저귀를 갈거나 소변통을 비우는 일까지 했다는데 그것을 간병사가 처리하니까 일이 덜어져 반가운 기색이었다.

첫 번째 어르신은 임종에 가까워지면서 마지막 변을 계속 쏟아냈다. 임종 증상을 보이자 임종실로 옮겼다. 어르신의 무남독녀인 딸은 "제 가족과 함께 계속 계셔주었으면 좋겠어요."라며 내가 임종실에 남아있길 원했다. 나 역시 끝까지 함께 임종을 지키는 것에 감사한 마음으로 받아들였다. 간병사가 가족과 함께 임종을 지키는 일은 드물었던 모양이다. 하지만 계속 쏟아내는 물변을 내가 처리하니 간호사들 편에서도 뒷말은 없었다. 전화통화로 내가 계속 임종실에 있기로 했다고 아는 간호사에게 전했다. 그녀는 임종실에 음악과 향이 있는 위치를 알려주고, 임종자의 발을 따뜻하게 해주라는 등의 조언과 함께 임종자와 가족을 도울 전문가가 곁에 있으니 참 좋다며 나를 지지해 주었다.

두 번째 어르신 임종 역시 마찬가지였다. 어르신의 노부인이 "저의 남편 곁에 저와 함께 있어 줄 수 있어요? 비용은 지급할게요."라고 말했다. 노부인의 하나밖에 없는 딸은 자녀의 유학으로 외국에 나가자마자 아버지의 임종 소식을 들었다. 그러나 코로나19 방역 문제로 한국에 들어와 장례식장에 도착하기까지 긴 시간이 걸렸다. "마음 놓으세요. 제가 빈소까지 함께 있어 드릴게요."라고 수락하자 부인은 "이렇게 감사할 때가 있나요. 고마워요."라며 두 손을 마주잡았다.

그러는 사이 아는 간호사는 당직 간호사에게 말해서 환자의 몸을 씻기고 깨끗한 옷을 입히는 수세(환자가 임종하면 장례식장으로 보내기 전에 호스피스병원에서 수세를 함)에 참여해 보라고 내게 권했다. 수세는 생각도 못 했는데 기회가 온다면 꼭 해보고 싶은 마음이 들었다.

새벽녘에 두 번째 어르신의 곁을 지키는데, 밤새 고르던 어르신의 숨이 순간 멈추더니 마지막 숨을 거두었다. 나는 잠시 잠든 부인을 깨우고 간호사실에 상황을 알렸다. 기다리는 동안 가톨릭 신자인 부인에게 임종 직후에는 "귀가 열려있으니 기도해요."라며 함께 위령기도를 바쳤다. 곧이어 사망선고를 하러 온 의사는 기도하는 우리의 모습을 보더니 "잘하셨어요."하고 미소를 지었다.

그가 먹은 약 성분을 물어본 것이 무슨 잘못이고, 또 무엇을 조심해야 하는지 알아야겠다는 생각이 들어 아는 간호사에게 전화를 걸었다. 그녀는 주로 야간근무를 해서 담당이 아닌 환자에 관한 일은 거의 인수인계 회의 때나 간호일지를 통해서 아는 듯했다. 아는 간호사의 답은 이랬다. "약은 예민한 문제인데, 간병사에게 말해 주면 전달과정에 오해가 많아서 그래요. 의사 선생님이 회진 돌 때 환자나 보호자에게 직접 물어보시게 해요."라고 조언했다. '환자가 먹은 약 성분은 예민한 문제'라는 뉘앙스로도 들렸다.

24시간 간병하는 사람은 환자의 일거수일투족을 잘 알 테다. 그러나 간호사들은 삼교대로 근무한다. 따라서 24시간 함께 있는 보호자나 간병사에게서 환자의 상태나 주변 정보를 얻기도 한다. 간병사는 환자가 언제 어떤 약을 먹고, 또 그때 보인 반응을 의료진에게 알리면 참고가 되지 않을까? 그것이 환자를 위한 간호가 아닐까? 하는 의문이 들었다.

호스피스병원에서는 환자의 돌봄을 위해 의료진뿐만 아니라 사회복지사, 사목자, 예술치료사 그리고 다양한 자원봉사자의 역할이 중요하다. 임종자와 가족의 신체적, 영적, 정서적 돌봄을 위한 다학제간 협력은 호스피스의 질을 결정한다. 게다가 환자와 밀접한 관계를 맺는 간병사의 역할도 중요하다는 것을 간병사 일을 하면서 알았다. 그만큼 간호사와 간병사는 서로 존중하고 신뢰하는 관계로 협력이 필요했다.

황혼 일기

그의 곁엔 늘 묵주와 일기장을 두었다. 십육절지 크기의 스프링 노트인데 겉장 맨 위쪽엔 '황혼 일기'라는 제목이 붙었다. 한자로 쓴 그의 글씨체였다. 집에서 투병할 때부터 쓴 '황혼 일기'는 네 권째다. 그는 일상의 특별한 일을 간략하게 적었다. 큰 글씨로 흘려 쓴 내용은 반쪽 정도였다. 많아도 한 장을 넘기진 않았다. 뒷장으로 갈수록 내용은 점점 짧아졌다.

내게서 처음 발마사지를 받고 난 후 '유 여사에게서 발마사지를 받다, 좋은 사람이다'라거나 뉴스를 보고는, '코로나로 확진자가 늘어났다'거나 '신부님이 미사를 집전하다'라는 식이다. 그야말로 겪은 일이나 느낌을 요약해서 적었다.

황혼 일기는 세세한 묘사도 없었지만 매일 거르는 일도 없었다.

그가 왜 황혼 일기를 썼을까? 내가 그와 같은 처지였다면 어땠을까? 삶이 마지막 자락으로 향해 가는 하루하루는 특별한 시간이다. 반복되는 일상이지만 매 순간 각별하게 다가온다. 하루에 일어난 에피소드를 초 집중된 감각으로 섬세하게 느낀 흔적을 남기고 싶다. 선물 같은 하루의 감사함을 마음에 새기듯 기록하겠지. 정신을 놓기 전까지는.

3일차
·
·
1월 24일

발마사지로 하루를 맺는 의식

새로운 하루가 시작됐다. 그는 끼니때마다 나온 동치미 국물을 들이켜서인지, 혹은 입안이 말라서인지 수시로 물을 찾고 화장실에 자주 갔다. 그가 침상에서 빠져나올 때마다 구겨진 반시트를 얼른 펴 놓았다. 다시 침상에 오를 땐 새로운 기분이 들었으면 해서다.

병상 생활은 시간의 흐름을 잊게 한다. 그는 가림막 커튼으로 벽에 걸린 시계를 가리기라도 하면 젖히라고 요구했다. 시계를 자주 보는 그에게 마음 쫓기는 무엇이 있는지 혹은 누군가를 기다리는 건지 궁금해서 내가 물었다. 이유 없이 그냥 보는 거란다.

평일 아침 8시쯤엔 간호사 네 명이 몰려와서 밤새 잠은 잘 잤느냐며 안부를 묻고 나간다. 오전 10시쯤엔 의사와 간호사들, 사회복지사들 외 아까보다 더 많은 인원이 와서 또다시 묻거나 확인하고 나갔다. 오후 2시와 5시쯤엔 의사가 와서 환자 상태를 살펴보거나 환자가 깨어 있으면 몇 마디 물어봤다. 그리고 사이사이 담당 간호사가 들어와서 혈압과 대소변 등을 점검하고 식사 후에는 약을 준다. 밤에는 당직 간호사가 중간중간 들어와서 환자에게 별일 없는지 확인했다.

매일 똑같은 일과를 며칠 보내다 보면 정말 시간이란 존재를 잊어버린다. 그래서 무료한 병실 생활을 하는 그에게도 일상의 시작과 끝의 경계가 필요하다고 생각했다.

매일 아침, 나는 반시트와 베개 덮개를 교체하고 환자복을 갈아입혀 하루를 열었다. 온종일 병상에 누워있으면 새 시트로 바꾸는 작은 변화에도 기분 전환이 될 듯해서다.

그가 화장실에서 혼자 샤워하고 양치를 한다.

주일이라 그는 병상이 아닌 긴 의자에 앉아 티브이 화면으로 주일미사를 참례했다. 작은아들이 병실에 들어서며 "아버지 앉아 계시네?"하는 인사에 그는 "좋다!"라며 환한 웃음으로 답한다.

작은아들은 그가 먹을 바나나와 책 한 권을 내밀며 선물이라고 한다. 뜻밖의 책 선물을 받고 기쁘기도 하면서 작은아들의 배려에 감사했다. 책은 승효상 건축가의 《빈자의 미학》인데 이 책을 선택한 이유는 글자가 조금이고 사진이 많아서란다.

얼마 안 있다가 작은아들이 가겠다고 하자 그는 인사로 주먹을 내민다. 작은아들은 그저 아버지의 주먹을 감싸 쥐고 인사를 마주했다.

그의 머리칼이 좀 길게 자란 것 같아 "제가 머리 좀 잘라 드릴까요?"라고 물었다. 그는 한 치의 망설임도 없이 "좋아."라고 응한다. 나는 가끔 내 아들의 머리를 잘랐기 때문에 전기이발기와 가위를 마련해뒀다. 그는 "여기 오기 전에 이발하고 싶었는데 못하고 왔어."라며 반기는 기색이다. 내가 며칠 뒤 집에 다녀올 때 가위를 가져오겠다고 하자 그는 알았다면서도 좀더 빨리 자르고 싶은지 "가서 가위를 가져와요."라고 말했다. 그를 혼자 두지는 못해 담당 간호사에게 임시용 가위를 빌렸다. 그리고 이불 쌌던 보자기를 목에 두르고 "우선 임시로 조금 정리할게요." 하고는 가위질을 했다. 머리숱이 많아서인지 구레나룻와 뒷머리를 약간 정리했을 뿐인데도 깔끔하고 멋져 보였다. 침상에 누우면 곧 까치집을 지었지만 말이다.

콧속이 헐어 피와 딱지로 응고돼 꽤 불편해 보였다.

"간호사에게 처치해 달라고 할까요?" 내가 묻자 "여기 오기 전부터 헌 코인데 괜찮아요."라고 답했다. 굳이 간호사에게까지 수고를 끼치고 싶지 않다는 뜻이다. 대신 내가 아침저녁으로 면봉에 연고를 묻혀 코안을 살피며 살살 발라줬다. 하지만 쉽게 낫지 않았다.

그의 저녁 식사가 끝나면 나도 부리나케 식당에 가서 저녁을 먹었다. 조금 늦으면 먹을 만한 반찬이 남지 않아서다. 그가 식사에 거의 손을 안 댈 때는 아깝다며 내가 먹기를 바라는 눈치다. 전엔 아들이 먹었다면서 말이다. 하지만 나는 "저는 죽만으론 부족해요!"라며 식당에 가서 꼬박꼬박 챙겨 먹었다.

저녁 식사와 약을 먹고 나면 대부분 일과는 끝난다. 하루의 끝은 그의 얼굴과 발을 마사지하고 뜨거운 수건 찜질로 마무리한다. 병실 하루는 별다를 것 없어 보여도 그렇게 할 일이 있고 매일 조금씩 달랐다. 그리고 또다시 새로운 아침을 맞으며 하루하루를 살았다.

아침 식사는 미음에서 죽으로 바꿨다. 호박죽 삼분의 일, 흰죽 한 숟가락, 빵 삼분의 이 그리고 동치미 국물을 먹었다.

20년의 결실, 개인 전시회와 도록

다섯 살 때 그는 동네 서당에서 천자문을 배웠다고 한다. 훈장님에게 회초리를 맞아가며 문가에 앉아 아침저녁으로 목청껏 읽으면서. 봄에 시작해 여름 농번기에는 쉬고 가을과 겨울에 오백 자를 뗐다고 했다. 초등학교 일학년 때는 가감승제와 《명심보감》〈계몽편〉을 배웠고 일본어도 배웠다는데 어린아이 때부터 총명한 데다 공부하기를 좋아한 모양이다.

평생 배움 속에 살았던 그는 40년의 교직 생활을 퇴임한 후 마음 둘 곳을 찾지 못했다. 무기력과 공허감에 중심을 잡지 못하고 불안한 나날을 보내다 예전에 했던 서예를 다시 시작하면서 제2의 인생을 살았다고 한다.

묵향을 좋아한 그에게 붓글씨는 너무도 쓰고 싶은 일이었다. 하루에 세 시간씩 10년을 목표로 목욕재계 후, 서실을 찾았고 '만 시간 법칙'으로 훈련받았으며 여러 선생님에게 서예이론과 실기 지도를 받은 데다 한문과 한학 공부를 할 정도로 의욕이 되살아났다.

그는 그룹전과 단체전도 여러 번 가졌다. 2017년도엔 개인전 (서문전)을 열었고 도록을 발행했다. '아침에 글씨를 쓰면 종이에 스치는 붓 지난 소리가 울린다'라는 경험을 담은 작품이 실린 도록이었다.*

어쩌면 이 도록은 그에게 제2 인생의 함축된 결과물일 것이다. 기력이 다해 더는 글을 쓰지 못했지만 지나온 자신의 존재를 도록에 사인해 주는 일로 확인하고 싶었는지 모른다.

큰아들이 가져온 도록 세 권 중에 한 권을 첫 번째로 내게 선물했다.

그의 서예는 한눈에 봐도 세련됐고 매우 잘 쓴 글씨다. 나는 눈이 번쩍 뜨여 오랜만에 예술을 감상하는 호사를 누렸다. 이런 저런 얘기 끝에 내가 윤동주 시인의 '서시'를 좋아한다고 말했더니 그는 말없이 '서시'를 쓴 페이지를 찾아냈다. 나는 깜짝 놀랐다. 앞서 근무했던 박물관에서 일어난 일들에 이어 내게 주어진 현실은 세상에 타협하면 양심에 걸렸고 양심을 따르면 현실의 삶이 너무 고달팠다. 그런 나를 답답해하며 주변 사람들은 흔들

* 도록에 실린 글 참고.

어댔다. 그렇게 정신적으로 힘들 때 영화 '윤동주'를 보고 홀딱 빠졌다. 윤동주 시인의 삶이 너무나 아름답고 마음 아파서 눈물을 흘리며 밤잠을 설쳤다. 그리고 '서시'에서 내가 살 길을 찾았다. "그래, 한 점 부끄럼 없이 사는 방향으로 가면 되지!"하며 마음을 다잡고 힘을 냈다.

그가 붓펜을 가져오란다. 침상 탁자도 앞에 펴라고 했다. 그리고 도록에 실린 '서시' 여백에 나를 위해 글을 썼다.

'민족시인 윤동주 선생을 사모하는 소녀 시인을 위하여'

붓펜으로 쓴 글씨에는 아직 힘이 있었다. "음…. 올해가 신축년이지."라면서 날짜와 자신의 호와 이름을 썼다.

이후 호스피스병원에서 사목을 하는 수녀님 외 몇 사람에게도 도록에 사인해 주었다. 이동용 탁자를 앞에 두고 긴 의자에 앉은 그의 등자락 위로 환한 햇살이 비쳤다. 비록 붓펜이지만 글을 쓰는 그의 모습은 빛나고 아름다웠다.

4일차

•

•

1월 25일

나흘째부터 시작된 잠과의 씨름

저녁에 발마사지로 일과가 마무리됐다는 의미를 지었다. 하지만 나흘째부터 잠과 씨름하느라 밤낮 구분 없는 긴 시간이 시작됐다.

새벽 1시, 그는 꿈을 꾸는지 않는 소리를 냈다. 그때부터 새벽 5시까지 삼십 분에서 한 시간 간격으로 뒤척임이 잦았다. 새벽에는 소변이 마려워 깨기도 했다. 화장실에 다녀와선 물을 찾았다. 그때마다 얼른 일어나 수발을 들었다. 나는 어릴 때 앓은 오른쪽 귀 때문에 왼쪽 귀를 열어놓으면 잠귀가 밝았다. 워낙 작은 소리에도 예민해서 그가 조금만 뒤척여도 금세 알아챘다. 게다가 새벽에 깨는 습관도 한몫했기에 간병사를 할 용기까지 낸 터였다. 그러니 자다가 깨서 그의 시중을 드는 데 아무런 문제가 없다.

아침 8시가 되자 간호사들이 와서 "어르신~ 잠은 잘 주무셨어요?"라고 안부를 물으면 그렇게 잠을 설쳤는데도 그는 "잘 잤어요."하고 고개를 끄덕였다. 이상했다. 왜 그렇게 말하는지 이유를 몰랐다. 나는 간호사들을 뒤쫓아 나가 사실은 그가 제대로 못 잤다고 귀띔했다. 그를 만난 첫날부터 나는 그의 소변과 대변을 본 횟수와 상태, 음식물의 종류와 양, 수면 시간, 의사와 간호사가 조치한 사항 등을 태블릿에 기록했다. 그가 보인 몸의 반응과 말도 틈틈이 메모했다.

오전 10시쯤, 소변을 보긴 했는데 대변은 못 본 채 배가 살살 아프다고 한다. 회진 때 의사는 그에게 몸 상태를 물었고 내게도 그가 어떻게 지냈는지 물었다. 그의 상태를 들은 의사는 자상하게 말했다. "장운동이 잘 안 돼서 그럽니다. 변이 묽어지는 약을 처방해 드릴게요. 입맛이 당기지 않는다면 굳이 음식을 많이 드실 필요는 없습니다. 복수는 오후에 빼 드리겠습니다." 이어서 "관을 꽂아 드릴까요?"라는 정확한 질문에 그는 "싫습니다."라고 분명히 거절하는 의사 표현을 했다.

배변 돕는 약을 먹은 그가 이십 분 만에 신호가 왔는지 화장실로 갔다. 그가 "유 여사!" 부르는 소리에 급히 갔더니 좌변기 앞에서 바지를 끌어올린 채 엉거주춤 서 있다. "변이 중간에 꽉 막혔어. 간호사에게 좌약 좀 달라고 해요." 처음엔 본인이 직접 넣을 심산이었다. 하지만 간호사는 화장실에 들어가서 그에게 조치를 해주었다. 그러자 염소똥만 한 게 예닐곱 알이 나왔다. 어찌나 기뻤던지 그는 좌약을 넣어준 간호사에게 고마움을 표하고 싶어했다. 내게 곶감을 갖다 주라고 해서 간호사실에 갔지만, 이미 교대 시간이 되어 퇴근한 뒤라 다른 간호사에게 주고 병실로 돌아왔다.

여전히 배가 살살 아프다고 했다. 배를 따뜻하게 하면 도움될 것 같아 "핫팩 좀 해드릴까요?"라고 물으니 그도 같은 생각이 들었는지 "좋아."라고 답했다. "가족 휴게실에 가서 핫팩 좀 데워 올게요."라는 말에 그는 고개를 끄덕였다.

핫팩을 넣은 전자레인지가 돌아갈 동안 첫날 일이 생각났다. 그날도 내가 화장실에 가거나 그의 곁을 잠시 떠날 때면 행동 하나하나를 말로 전했다. 내가 어디에서 무엇을 하는지 알면 돌아올 시간을 가늠하고 막연히 나를 기다리지 않게 하기 위해서였다. 그러자 "사사로운 일은 말하지 않아도 돼요." 일일이 말하는 사람도 듣는 사람도 불편하다는 얘기다. 하지만 점점 그는 내가 무엇 때문에 어디에 가는지 말하는 것을 귀담아들었다. "땡!" 뜨거운 핫팩을 꺼내 마른 수건으로 감싸 안아 그에게 가서 배 위에 올렸더니 편안해진다고 한다. 저녁 내내 그는 방귀를 뀌었다.

점심은 건너뛰고 저녁 식사는 죽 한 숟가락, 숙주나물 조금 먹었다.

꿈

그가 또 꿈을 꾸다 깼다. 이번엔 꿈 이야기를 했다. 단편적으로 생각나는 걸 말했다. "김정은이 나타났고. 좋은 사람들이야. 사이좋게 지내야 할 텐데…" 나는 내심 놀랐다. 임종을 앞둔 사람에겐 특별한 감이라는 게 있다. 무심코 한 말에 예사롭지 않은 뜻이 담긴 것을 여러 임종자에게서 봐왔다.

크게 드러나진 않았지만, 병실에 감도는 갈등의 기류를 그가 감지했을지도 모를 일이다.

간호사실에 가서 그의 약 성분을 물어본 이후인 어제, 아는 간호사에게서 전화가 걸려왔다. 그동안 내게 했던 말과 달리 간병인 역할만 하란다.

"환자 케어하는 것 외에는 가족 장례식장에 간다든가 수세 같은 거 하지 말고요. 또 그걸 할 때는 간호사들이 부탁하면 하고 그렇지 않으면 그냥 환자 케어만 하면 될 것 같아요. (생략…) 약에 대한 거는 굉장히 예민한 부분이에요. 가족도 안 물어보는 걸 간병인이 물어보니까. 여기 선생님들이 너무 놀란 거예요. 그런 일이 한 번도 없었어요. 그리고 지난번에 누구 장례식에 갔다고 했잖아요. 나도 단순하게 생각했는데 병원에서 장례식장에 가거든요. (생략…) 간병인은 특별히 환자 가족이 못 올 경우를 제외하고 환자가 임종실에 들어가면 바로 집에 가요. 임종 끝까지 안 지켜요. 가족이 원하면 드물게는 있기도 하지만요. (생략…)"

나는 간호사가 말하는 중간중간에 "네." 대답하며 끝까지 들었다. 병실 복도에서 하는 통화라 말소리가 울릴까 봐 아주 나지막이 말했다.

"알겠어요. 선생님이 먼저 수세에 참여하고 싶으면 간호사와 가족에게 한번 물어보라고 해서 물어본 건데, 그거야 원치 않는다면 안 하면 되는 거고요. 임종실 건은 가족이 원해서 끝까지 한 거예요. 우연하게도 두 가족이 다 저한테 원했어요. 며칠 전에 돌아가신 분도 외동딸이 이틀 전 프랑스에 가는 바람에 부인께서 저한테 부탁하더라고요. 그런데 어쨌든 원치 않는다면 안 할게요." 말을 마무리하려는데 간호사가 급히 이어 말했다.

"그런 경우 가끔 있어요. 지금도 임종실에 간병인이 혼자 계시거든요. 가족이 없는 경우에는 그렇게 해요. 어쩌다 가족이 원해서 간병인이 계속 임종실에 있을 때는 수세를 하는 경우도 있어요. 그때는 간병인이 경험 많은 분이라 도와주는 차원으로 하는 거지, 수세를 안 해본 사람이 배우는 처지에서는 아니거든요. 왜냐면 처음 온 간호사들도 많이 배우니까. 일단은 임종할 때 가족들과 같이 있을지 이거는 간호사들과 의논해서 해야 할 것 같아요."

"네, 알겠어요."

"그냥 단순하게 일하면 될 것 같아요."

"네, 말씀해 주셔서 감사해요."

얼마 전, 나는 첫 번째 어르신 장례식에 참석한다며 부의금은 통상 얼마 정도 하는지를 아는 간호사에게 물었다. 그때 그녀는 사별 가족을 챙긴다며 기뻐했다.

가족이 많지 않거나 원한다면 간병인이 임종을 지켰던 사례가 있다고 그녀가 말했듯이 돌아가신 두 분의 어르신은 딱, 그 사례에 속해서 나는 가족과 함께 임종을 지켰다. 그리고 가족들은 고인이 평안히 돌아가셨다며 좋은 기억으로 남게 돼서 감사하다는 진심을 보였다.

이런 상황에서 그로부터 꿈 이야기를 들었다. '사이좋게 지내야 할 텐데'라는 의미가 남북관계를 말한 것이든, 병실 주변 상황을 두고 한 말이든 그에게 소리 없는 소란조차도 주의해야겠다는 생각이 들어 잠시 불편해진 마음을 추스르느라 애썼다.

1인실로 가는 대기실

"오늘, 옆 침상에 환자 한 분이 들어오실 거에요."

이른 오전, 간호사 세 명이 병실에 들어왔다. 정적이 흐르던 병실 안은 잠시 분주해졌다. 간호사 한 명이 침대 위로 올라가 매트리스 가운데를 꺾고, 커버를 씌운 시트 양쪽을 묶었다. 그 사이 두 명은 시트 양쪽 아래를 팽팽하게 잡아당겼다. 나는 이 장면을 뚫어지게 쳐다봤다. 그의 침상을 정리할 때마다 늘어진 매트리스 커버를 처리하는 게 쉽지 않아 배우고 싶은 참이었다. 그들은 베갯잇을 씌우고 주사대와 이동 탁자 등 기본 물품을 점검했다. 모두가 능수능란하게 움직였다.

간호사들이 나간 후 그가 말했다. "어떤 인연이 들어올까?" 사람 좋아하고 대화하기 좋아하는 그는 어떤 환자가 올지 궁금해하며 기다렸다.

오후 2시가 가까워질 무렵, 병실 문이 열렸다. 많은 사람이 우르르 들어왔다. 한눈에 봐도 체구가 큰 환자였다. 구급 운반 침대에서 병상으로 옮기는 데 구급대원과 코디네이터의 의견이 분분했다. 코디네이터는 "한두 번 하는 것 아니니까, 운반 침대를 병상 높이와 같게 올리세요."라고 지시했다. 코디네이터의 말대로 정말 거구인 환자를 순식간에 병상으로 옮겼다.

환자를 아버지라고 부르는 딸과 아들인 보호자가 짐까지 옮기고 나니 잠시 일었던 소란도 이내 잠잠해졌다. 보호자들은 의자에 앉아서 낮은 목소리로 이런저런 의논을 했다.

그와 나는 쥐죽은 듯 새로운 환자의 입성을 지켜봤다.

커튼 너머에서 일어나는 상황을 누워서 소리로만 들은 그는 환자가 성인 자녀를 둔 남성이라는 것을 알고 몇 살인지 확인해보란다. 나는 넌지시 일어나 이웃 환자 머리맡에 붙은 기록을 봤다. 80대였다. 내가 알려주자 그는 생각에 잠겼다.

호스피스병원에 있는 내내 입원 환자들을 유심히 봐오던 그였다. 걷기 운동을 하면서 병실 문에 붙은 환자의 나이를 놓치지 않았고 휠체어로 이동하는 중년 남성을, 침상째 나와서 테라스 창가의 햇살을 받는 젊은 부인도 봤다. 하지만 입원 환자들은 대부분 그와 비슷한 연배였다. 어쨌든 보조보행기를 이용하긴 했지만 걷는 환자는 그가 유일했다. 88세였지만 말이다. 그가 다른 환자의 나이에 관심을 둔 것은 자신의 상황을 가늠해본 건지도 모를 일이다.

늘 그대로인 병실은 환자와 보호자만 들고 난다. 다른 병원과
달리 이곳 호스피스병원은 완치를 기대하고 온 환자는 없다. 그
래서 입실한 환자의 퇴실 이유에 민감해진다. 환자가 잠시 집에
가는 것인지, 죽음에 이르러 임종실로 옮긴 것인지 아니면 임종
을 해서 장례식장으로 옮겨졌는지, 커튼 한 장 사이로 전해지는
일거수일투족에 의식이 있는 환자라면 귀를 기울이기 마련이다.

방금 입원한 환자의 남매 보호자는 한 시간이 채 안 되어 환
자를 더 좋은 환경인 1인실로 옮겨갔다. 병실은 2인실이지만 도
로 1인실이 됐다.

다음날, 간호사 세 명이 새로운 환자가 들어올 거라면서 침상
을 또 새 시트로 정리했다. 이번에도 환자가 입원하는 동안 잠시
분주함이 오갔지만 보호자는 이내 환자를 1인실로 또다시 옮겨
갔다. 그러자 그가 아쉬운 듯 말했다.
"1인실로 가는 대기실이네."

5일차

•

•

1월 26일

악몽, 버려두지 않을 것이니 낙심하지 말라

새벽 4시. 앓는 소리에 선잠이 깼다. 일어나 그를 봤더니 악몽을 꾸는지 얼굴이 일그러졌다. 그를 나지막이 불러 깨웠다.

"어르신, 악몽 꾸셨나 봐요. 무슨 꿈을 꾸셨어요?"

"깡패가 나오고, 술을 마시고. 이상한 꿈을 자주 꿔."

그는 침대 머리를 올리라 하곤 꿈 이야기를 했다. 일어난 김에 소변을 보고 와선 묵주를 찾았다. 나무로 된 묵주 두 개 중 큰 것은 늘 침대 옆 손잡이에 걸어뒀다. 주사대 선반에 놓은 작은 묵주를 건네받은 그는 만지작거리며 두려움을 떨치려고 애썼다. 병상에 앉아 멍하더니 눈을 지그시 감았다. '죽음이 얼마 안 남은 사람들은 불면증에 시달리고 밤만 되면 악몽에 시달려 살인자에게 쫓겨 도망 다닌다'라고 한 칸트의 글이 떠올랐다.

6시 40분. 꿈속을 헤매며 계속 잠을 못 이룬 그가 따뜻한 찜질을 해달라고 한다. 언제나 내가 먼저 권하면 응했는데, 어떻게든 안정을 취하고 싶은 모양이다. 하지만 찜질을 했는데도 여전히 침울한 표정으로 천장을 멀거니 바라봤다.

나는 뭐라도 위안이 될 만한 것을 찾다가 창가에 늘 뒀던 성경책을 아무 페이지나 폈다. 마침 신명기 31장 8절 말씀이 눈에 들어왔다. 그에게 위안이 되겠다 싶어 성경을 들고 몸을 수그려 나지막이 읽었다.

"주님께서 친히 네 앞에 서서 가시고, 너와 함께 계시며, 너를 버려두지도 저버리지도 않으실 것이니 너는 두려워해서도 낙심해서도 안 된다"

"으응? 고… 전에 말씀, 다시 한번." 귀가 솔깃해진 그가 다시 읽어달랬다.

"너를 버려두지도 저버리지도 않으실 것이니 너는 두려워해서도 낙심해서도 안 된다"

"으흠…. 버려두지도 않으실 것이니 낙심하지 말라…" 지그시 눈을 감으며 그는 언제나 그랬듯 핵심을 짚곤 되뇌었다. 그리고 눈을 살포시 뜨며 말했다.

"'두려워하지 마라, 하느님께서 지켜주신다' 내가 늘 손주에게 해줬던 말인데…. 말이 쉽지, 사실 두려워. 죽음을 맞이하는 지금 시간."

그가 손주에게 삶에서의 마음가짐을 당부했던 말이지만 죽음에 직면한 그는 두렵다고 고백한다.

그는 한 번도 접하지 않은 죽음의 길목에서 오롯이 혼자 견뎌야 할 고독이 두려운 나머지 계속 악몽을 꿔왔다. 이때 들려온 '하느님께서 버려두지 않고 함께 한다'는 말씀이 버림받지 않고 안전하게 데려갈 거라는 약속으로 들렸을까? '낙심하지 말라'는 말씀에서 죽음에 이르는 불안을 잠시 내려놓았을까? 그가 손을 내밀어 내게 악수를 청한다. 그래도 필요한 말을 들려줘서 고맙다는 뜻이다. 나는 미소를 지으며 그의 손을 마주잡았다. 다행이라는 뜻이다.

내 자리로 돌아온 나는 다시 성경을 펼쳤다. 그에게 읽어준 구절 아래 예전에 메모해둔 글이 눈에 띄었다.

'밤새 몸부림치며 잠을 못 자고 일어나서 읽은 말씀. 주님, 아이의 정신과 몸에 들어있는 썩은 고름을 말끔히 다 씻어 주소서'

우연이지만 희한했다. 언젠가 나 역시 괴로운 나머지 잠을 못 이루다, 하도 답답해 기도상 앞에 앉았다. 그때 독서대에 놓인 성경책을 아무 데나 펼쳤는데, "주님께서 친히 네 앞에 서서 가시고, 너와 함께 계시며, 너를 버려두지도 저버리지도 않으실 것이니 너는 두려워해서도 낙심해서도 안 된다"라는 바로 그에게 읽어준 성구가 눈에 들어왔다. 당시 나는 누구의 도움도 받지 못하는 고독과 두려움에 떨었다. 하지만 성경 말씀을 읽고, 나 혼자가 아니라는 것에 큰 위안을 받았다. 그때의 심경이 담긴 메모를 거듭 읽으니 그가 받았을 위로가 내 마음에도 느껴졌다.

병자성사

신자인 환자들에게 병자성사病者聖事를 해주러 병실을 돌던 차 신부님이 그의 병실을 들렀다.

병자성사는 가톨릭교회의 일곱 성사 가운데 하나로 병자나 죽을 위험에 있는 환자가 받는 성사다. 환자가 고통을 덜고 구원을 얻도록 하느님의 자비에 맡기는 성사인데, 신부님이 기도문을 외우면서 성유聖油를 바르는 예절로 진행한다.

성사가 끝난 후 신부님이 그의 안부를 물었다. 나는 그를 앞에 두고 감정에 취해 낯뜨거운 실수를 저지르고 말았다. 새벽에 그가 악몽을 꾸어 성경 말씀을 들려주었다는 얘기를 신부님에게 했다. "오늘 새벽에 악몽을 꾸셨어요. 마침 제가 들려 드린 신명기 말씀에 위안을 받으셨어요."라며 성경을 펼쳐 보이기까지 했다. 그러자 그가 헛헛, 하고 웃음을 지었다. 순간, '실수다!'라고 알아챘지만 이미 엎질러진 물이었다. 경솔했다. 그 다음부터 그는 꿈 내용을 말하지 않았다. 그의 내밀한 부분을 마치 무용담처럼 떠들어댔으니 불쾌했을 일이다.

서예를 한다는 얘기로 화제를 바꾸면서 그의 도록을 내보이자 신부님은 병원에 작품을 걸어 환자와 가족들이 보게 해줬으면 좋겠다고 한다. 하지만 그는 미소만 지었다.

며칠 전, 사회복지사가 중앙홀에 작은 전시를 하면 어떻겠냐고 물었다. 현재는 입원한 환자의 작품이 아담한 규모로 전시 중이었다. 주로 병상에서 드로잉한 작은 작품들이다. 하지만 그는 "나중에."라며 별 반응을 보이지 않았다. 갤러리에서 개인전까지 했던 그가 작은 이벤트엔 관심이 없거나 새로운 일에 의욕이 없었을 거라고 예상했다.

신부님이 가고 난 후, 내가 조심스레 그에게 권했다.

"병원에 기증하면 좋지 않겠어요?"

"응. 생각해볼게." 하더니 그가 다시 입을 뗐다.

"쉽지 않아. 문장을 찾아야 하고 어떤 글씨체를 쓰느냐 찾아야 해. 지금 기력으로는 쓸 수가 없어."라고 말했다. 대신 큰아들에게 전화를 걸었다. 지금 사정을 말하고 지인에게 준 작품 하나를 받아오라는 거였다. 그는 코린토 1서 13장의 '사랑'을 주제로 한 작품이 호스피스병원에 더 적합하다고 생각했다. 그래서 작품을 돌려받아 기증하겠다는 거다. 물론 지인에게는 다른 작품을 주고서 말이다. 그는 한번 마음을 정하면 미루는 법이 없다. 아들에게 지시를 내린 후 일이 진행되길 기다렸다.

신부님에게 병자성사와 안수를 받은 뒤로 그의 마음이 조금 편해 보였다. 그래서인지 10센티가량의 변을 두 덩이나 봤다. "기분이 날아갈 것 같다."며 잠시 기분이 좋아 보인 그는 이내 침울한 표정을 지었다.

　저녁 식사는 연근 하나, 곤약 하나, 맑은 꽃게국에서 꽃게 건더기만 조금, 동치미 국물을 먹었다.
　밤 10시 40분. 묽은 설사를 했다.

첫 번째 어르신 임종실 이야기

그가 여기 호스피스병원에서 임종을 지킨 두 어르신의 이야기를 들려달라고 한다. 나는 인상 깊었던 첫 번째 어르신의 임종 이야기를 해주었다.

"창밖으로 하얀 눈이 내린 날이었어요. 돌아가실 즈음 되어 임종실로 옮겨졌어요. 임종실 안에는 잔잔하게 성가가 흘렀고 아로마 향내가 났어요. 불그스름한 조명빛 아래, 가족은 어르신의 침상 주변에 둘러앉아 두런두런 이야기꽃을 피웠지요. 평소 어르신은 외동딸과 사위, 손주를 끔찍이 위했지만, 부인에겐 사랑 표현이 서툴렀던 모양이에요. 59년을 함께 산 순한 부인이 누워있는 남편의 이불자락을 끌어다 덮으며 '한 이불 덮고 있습시다.'라는 농담에 모두 크게 웃었어요. 삶의 끝자락에 선 남편에게 건넨 용서와 사랑의 한마디였다고 생각해요. 딸과 손녀는 어르신의 차가워진 양쪽 발을 잡고 연신 쓰다듬었어요. 돌아가신 직후에도요. 저도 마지막 인사로 귓가에 나지막이 기도해 드렸

구요. 가족은 울다가 웃으며 어르신의 밤을 함께 지킨 거예요. 새벽녘에 가족의 배웅을 받으며 하늘나라로 떠난 어르신의 모습은 깨끗하고 평안해 보였어요."

"나도 그렇게 해줘." 조금 길다 싶은 이야기를 끝까지 듣고 나서 그가 한 말이었다.

"네, 어르신. 삶에서 넘어가는 것이 죽음이고, 하느님께 가서 영원히 사는 거잖아요."

며칠째 악몽을 꾼 후 두려움을 느끼는 그를 위해 내가 말했다. 그가 고개를 끄덕이며 말을 이었다.

"여기에서 (임종) 그래요?"

"여기는 다른 환자도 있고 해서 어수선하잖아요. 가족들도 함께 자고, 시간을 보낼 수 있는 조용한 큰방으로 옮겨요."

"그리고 영안실로 가는 건가?"

"…그 문제(장례절차)는 이야기해 보셨어요?"

"아니. 그건 남은 사람이 할 일이고. 장지는 본당 근처로 가는 것은 알고 있어."

누구나 자신이 죽을 것을 안다. 하지만 내 죽음은 코앞에 닥쳐야 비로소 느낀다. 이것도 죽음 가까이에 간 것일 뿐 '죽음' 자체는 아니다. 삶에서 두려운 순간과 맞닥뜨릴 때 '죽음과 같은'

이라고 표현한다. 죽음을 '삶의 끝'이라 생각하기 때문에 '끝장 났다', '이젠 죽었다'라는 감정이 든다. 그래서 죽음을 넘어선 사람만이 죽음이 무엇인지 안다. 막연히 '언젠간 죽을 테지'라는 생각으로 살아갈 때와 달리, 죽음 문턱에 다가갈수록 미지의 죽음이 더 두렵다.

시도 때도 없이 불쑥 찾아오는 죽음의 그림자와 직면해야 하고, 잠을 빼앗기는 악몽에 시달리며 언제 찾아올지 모를 죽음을 기다리는 두려움에 휩싸이지만, 결국 죽음이 왔을 때 가족이 지켜주는 가운데 평안히 가게만 된다면 그는 죽음을 따라갈 용기를 낼 수 있을까…. 화제를 바꿔 그에게 물었다.

"어르신, 좋아하는 성가 있으세요?"
"으응. '풀밭 내 몸 뉘어 주시고'인가?"
귀에 많이 익은 성가라 유튜브에서 가사 한마디를 검색했더니, 제목이 '주여 당신 종이 여기'였다. 성가를 틀고 내가 따라 불렀다. 그는 가만히 들었다.

주여 당신 종이 여기 왔나이다
오로지 주님만을 따르려 왔나이다
십자가를 지고 여기 왔나이다
오로지 주님만을 따르려 왔나이다

파아란 풀밭에 이 몸 뉘여 주소서
고이 쉬라 물터로 나를 끌어 주소서
주여 당신 품 안에 나를 받아주소서
내 쉴 곳 주님의 품 영원히 잠들렵니다

잃고 싶지 않은 것 다섯 가지

일과가 끝난 저녁 무렵, 그에게 한 가지 제안을 했다.

"어르신, '버리고 떠나기'라는 거 한번 해보실래요?"

"좋아."

나는 태블릿을 챙기고 뭔가 할 것인 양, 긴 의자를 그의 침상 옆으로 끌어당겨 앉았다.

"먼저, 잃고 싶지 않은 것 다섯 가지를 말씀해 보세요."

"시간."

"음… 첫 번째는 시간."

그의 말을 되뇌며 태블릿에 받아 적었다. 이어 물었다.

"그리고 두 번째는요?"

"재산, 가족, 자존심, 명예."

그는 다섯 가지를 차례로 말했다.

"그럼 이제부터 제가 하는 말을 상상하시면서 질문에 답을 하시면 돼요."

그의 호랑이 눈동자는 온화한 빛을 띠며 나를 바라봤다.

"배를 타고 크루즈 여행을 떠날 거예요. 소중한 것을 싣고 떠나는 즐거운 여행이에요. 뱃전에 부딪히는 파도와 갈매기가 날아다니는 것을 보며 콧노래를 부르는 사람도 있고요, 아이들의 재잘대는 소리도 들려요. 그렇게 한참을 가다가 폭풍이 몰려왔어요. 물이 배 안으로 들어와서 짐을 버려야 해요. 지금 말씀하신 소중한 것 중 하나를 버려야 해요. 무얼 버리시겠어요?"

"시간."

나는 태블릿에 쓴 '시간'에 선을 그어 지웠다.

"다시 배는 움직여 갔어요. 그러다 암초에 부딪혔어요. 이번엔 두 개를 버려야 살아남을 수 있어요. 무엇을 버리시겠어요?"

"자존심, 명예."

"다시 떠난 배는 저 멀리 목적지를 앞에 두고, 또 한 번 거센 폭풍을 만났어요. 그리고 배에 물이 차올랐지요. 한 가지만 남기고 버려주세요."

"재산."

답한 것을 차례대로 지우다 보니 마지막까지 남긴 것은 '가족'이다.

잃고 싶지 않은 소중한 것을 말할 때는 첫 번째가 시간이고 그 다음 재산, 세 번째가 가족, 그리고 자존심, 마지막이 명예였다.

그런데 다섯 가지 중 하나를 버리라고 했을 때 가장 먼저 버린 것은 첫 번째로 소중하다고 말한 시간이다. 생각만 할 때와 달리 실제 어떤 상황에 부닥쳤을 때는 선택이 변했다. 행동을 통해 마음은 드러난다.

그리고 그가 두 번째로 버린 것은 재산보다도 자존심과 명예다. 좀 뜻밖이었다.

"재산보다도 자존심과 명예를 먼저 버렸는데 이유가 궁금해요."

"자존심은 현실적으로 필요 없어. 명예도 다가오지 않아."

"그렇다면 재산이 더 중요하다고 생각하신 이유는요?"

"재산은 명예와 자존심을 지켜주니까."

그러고 보니, 그가 내게 봉헌금 만 원을 꺼내라고 한 지갑 속에는 언뜻 봐도 만 원짜리 지폐가 두둑한 게 기억이 났다. 호스피스병원에 와서 돈 쓸 일이 뭐가 있으랴 싶지만, 그에게 현금은 자존심이었다.

평소 가깝게 지내던 어느 중소기업의 한 회장이 떠올랐다. 그녀는 어릴 때 너무나 가난했던 나머지 평생을 재산 모으는 데 전력했으나 허기를 채우지 못해 늘 욕심이 과했다. 그래서 그도 가난했는지 궁금했다.

"가난한 적이 있었나요?"

"아니, 가난한 적은 없어. 보통 이상이었어."

"마지막으로 남긴 것이 가족이었는데, 그 중에서 가장 소중한 사람이 누굴까요?"

"다 똑같아." 하더니, "생명이 중요해." 불현듯 말했다. 나는 되묻지 않았다. 그 모든 것도 생명을 잃으면 다 소용없는 일이지 않은가.

사람들은 각자 자기의 가치를 사거나 지키며 산다. 누군가는 재산으로 욕망을 산다. '욕망'은 무언가 '탐한다' 뜻으로 좋은 어감은 아니다. 하지만 현대 사회에서 '욕망하다'를 간단히 정의 내리기는 어려울 성싶다. 재산이 어느 정도는 있어야 기본적인 삶의 질을 유지한다. 욕망해야 재산을 얻는다.

나는 재산보단 자존심과 명예의 가치가 우선이라고 생각했다. 하지만 내 가치가 다 바르다고 주장하지 못한다. 이제는 안다. 선택의 문제였다. 호락호락하지 않은 세상에서 내가 선택한 소신 때문에 아이들의 성장기를 제대로 뒷받침해주지 못해 암울한 시간이 길었다. 아주 젊은 엄마였을 땐 내 상처를 끌어안고 앞만 보고 사느라 아이들의 깊은 상처를 몰라봤다. 그래서 놓치는 것이 많았다. 그래도 천만다행으로 두 아들은 자신의 피나는 노력 끝에 제 갈 길을 가주었다. 그저 고마울 따름이다.

그의 가치관이 흥미로웠다. 그는 재산으로 자존심과 명예를 지키며 살았다. 나의 가치관과는 다른 관점이다. 88세 삶에서 나온 말이기에 허투루 흘리지 않고 곱씹었다. 나는 재산이 있어 본 적이 없어서 '소유'라는 개념이 없었다. 돌이켜보면 적은 돈이 없어 좌절하고 괴로운 적은 많았다. 그렇다면 그의 말이 맞았다. 사람과 더불어 살기 위해서라도 돈은 있어야 했다.

6일차

·
·

1월 27일

코로나19를 뚫은 후배 교장의 총각김치

점심 후, 그가 자신의 휴대전화를 달라고 한다. 그리곤 어딘가로 전화를 걸었다. 두 번 모두 받지 않아 휴대폰을 내려놓으며 그가 말했다.

"친한 친군데, 전화를 안 받네."

"안 만난 지 얼마나 되셨어요?"

"오래됐지. 아마 두 달쯤? 나처럼 이렇게 되었거나 아니면 죽었거나."

두 달을 만난 지 오래됐다고 생각할 정도면 자주 왕래한 사이였던 모양이다. 그런 친구가 연락이 안 되어 그는 불안해했다. 노인의 생은 한 치 앞도 알지 못한다. 현대 사회는 누구나 마찬가지지만.

몇 시간 후, 친구에게서 전화가 걸려 왔다. 그는 무척 반가운 기색이다. 그 친구는 호스피스병원에서 그리 멀지 않은 곳에 살았다. 십여 년 나이차가 나는 학교 동료였다. 그가 교장 직위로 학교를 떠날 때 동료는 후임을 맡았으며 장학사로도 역임했다고 한다.

후배 교장은 통화한 지 삼십 분 만에 한달음에 달려왔다. 하지만 코로나19로 면회 검역이 심해 병원 현관출입구에서 발이 묶였다. 직계 가족이나 친인척만 면회가 됐다. 나는 보호자 출입증을 갖고 현관으로 나갔다. 겨우 허락을 받고서야 후배 교장은 병실에 들어왔다. 그는 침상에 앉아서 옛 동료를 맞이했다. 퇴임했어도 호칭은 여전히 '황 교장'이라 불렀다. "가까운 곳에 사니까, 필요한 거 있으면 말씀만 하세요. 가져오겠습니다."라고 황 교장이 말하자 그는 "깍두기가 먹고 싶네."라며 부탁을 했다. 흉허물없는 사이라 그랬겠지만, 그만큼 입맛을 돋울 깍두기가 먹고 싶었나 보다. 집으로 돌아갔던 후배 교장은 저녁 식사 전에 다시 왔다. 깍두기 대신 빨간 고춧가루가 먹음직스럽게 물든 총각김치와 몇 가지 반찬을 정갈하게 담아왔다. 나는 뚜껑을 열어 그에게 보였다. 그의 침샘이 자극받길 바라면서.

기다린 저녁 식사가 왔다. 그는 총각김치를 힘껏 베어 아삭아삭 씹었다. 총각김치가 입맛을 돋우었는지, 손도 안 대던 흰죽을 사분의 일 정도 먹었다. 그리고 배추김치 두 쪽, 해초 뜸부기 두 젓가락, 갈치 한 젓가락, 동치미 국물을 맛있게 먹었다. (한 젓가락 양은 젓가락 끝만 닿을 정도로 적은 양이다.)

그가 매일 간단하게 기록하는 '황혼 일기'에 황 교장이 가져온 음식 종류와 감사의 마음을 적었다.

코로나19는 노인과 임종자들에게 몸뿐만 아니라 정신에도 큰 재난이다. 홀로 사는 노인들은 경로당이나 복지관마저 가지 못해 외로움과 우울감이 심해졌다. 요양병원은 집단감염을 우려해 가족의 면회도 제한했다. 거동이나 소통이 어려운 노인은 더욱 불안감을 느꼈다. 코로나19는 우리의 삶에 큰 변화를 몰고 왔지만 죽음을 향해 가는 사람들에게도 큰 변화를 일으켰다.

호스피스 병실은 가족 한 사람씩 교대로 면회가 가능했지만, 지인들은 면회가 불가능해 그의 제2 인생에서 함께 서예를 했던 사람들은 단 한 명도 보지 못했다. 그가 집에서 1년을 투병할 동안은 왕래가 어땠는지 알지 못한다. 다만 사람 좋아하는 그의 성품으로 보아 코로나19만 아니었더라면 황 교장 외에 다른 지인도 병원에 오지 않았을까? 그랬다면 그의 호스피스 생활은 하루하루 견디기가 조금 나았을까? 아마도 자신의 정체성을 확인하는 데 힘이 되지 않았을까 싶다.

귀여운 머리 컷

이틀 전, 전기이발기를 1층 사무실에 있는지 알아본 후 빌려주
겠다던 당직 간호사가 오늘 나를 불러 세웠다. 그리곤 미소 지
으며 내 앞에 이발기를 내밀었다. 눈길이 이발기에 가 닿는 순간
나는 그의 머리칼을 더 빨리 자른다는 기쁨에 활짝 웃어 답례
했다. 간호사에게 "감사합니다!"라는 짧은 인사말을 남기곤 부
리나케 병실로 들어갔다. 그를 보자마자 "잘라 드릴게요!"라며
이발기를 내보였더니 빙그레 웃는다.

먼저 긴 의자 뚜껑을 열어 이불 싼 보자기를 풀어 꺼냈다. 벽
에 붙인 긴 의자를 앞쪽으로 당겨 그에게 말했다.
"자, 의자에 앉으세요." 그는 말 잘 듣는 학생처럼 두 다리를
모아 앉았다. 나는 그의 어깨에 보자기를 둘렀다.
"요기, 보자기 끝을 잡으세요."
"응." 자신의 앞에 펼쳐진 보자기 양 끝을 잡아 살짝 올렸다.
"분무기가 없으니까 그냥 손으로 물 묻힐게요!"

대충 손에 물을 묻혀 그의 뻗친 머리칼을 적셨다.

내 아들 머리를 잘라 줄 때는 뒷머리 아래쪽은 빗질해가며 이 발기로 밀었다. 그리고 뒷통수와 옆머리는 가위질로 정리했었다. 하지만 그의 머리를 자를 때는 빗과 가위가 없어 잠시 주춤거리 다가 이발기로 과감하게 밀었다. 머리가 제법 길어 꽤 많은 작업 을 필요로 했다. 한참 머리칼을 정리할 동안 그는 잘 버텼다.

"어르신, 괜찮으세요?"

"응."

어느 정도 잘랐을 때, 그의 머리 모양은 마치 바가지를 씌워 놓은 형태가 됐다. 아래쪽과 옆머리를 깔끔하게 정리할수록 더 욱 선명해진 바가지 모양은 귀여움의 극치를 이뤘다. 다행히 앞 머리 쪽은 기존 스타일에서 정리만 했을 뿐인데 깔끔해 보였다.

"와~ 멋지다! 멋져요!" 나는 감탄했다. 손거울로 앞모습을 비 춰줬다. 그는 다행히 만족스러운 표정이다. 뒷머리 상태는 얘기 하지 않은 채 소품을 정리하고 떨어진 머리카락을 쓸어 담았다. 하지만 그의 뒷모습을 볼 때마다 한편으론 켕기면서도 혼자서 쿡쿡대며 웃음을 참았다.

마침 간호사 두 명이 병실에 들어왔다. 그때 막 침상 쪽으로 보행보조기를 짚고 걷는 그의 뒤통수를 봤다. "홋" 간호사가 웃 음을 참는데 기막히게 그는 알아차렸다. "머리가 어찌 됐지?" 그때야 사실을 털어놨다. "뒷머리는 사실 귀엽게 됐어요."라는 말에 사태를 대충 가늠했는지 "오랜 세월 내 머리를 잘라 준 분이 속상하겠네."라는 한마디뿐이다. 머리 얘기는 더 하지 않았다. 어쩌면 내게 맡길 때부터 어느 정도 감수했을지도.

귀여운 머리 모양이 그의 아이 같은 속마음을 닮았다고나 할까? 볼수록 참 잘 어울렸다.

머리를 자르고 싶어한 그의 마음을 알았을 때 나는 되도록 빨리 잘라주고 싶었다. 호스피스 돌봄에선 '더 늦기 전에'라는 정신이 있다. '환자가 원하는 것을 미루지 말고, 지금 하라'는 뜻이다. 환자는 기다려주지 못하기 때문이다.

호스피스센터에서 예술봉사를 시작한 지 얼마 안 됐을 때다. 첫 예술치료는 환자 다섯 명으로 시작했다. 그 다음 주에 다시 찾았을 땐 한 명만 남고, 네 명은 모두 임종했다. 남은 한 명은 상태가 좋지 않아 가장 먼저 임종할 것 같았고, 일주일 뒤에 당연히 보리라 생각한 사람은 이 세상 사람이 아니었다.

그 기억은 뇌리에 박혀 나는 환자가 지나가듯 하는 말도 무심히 지나치지 못했다.

그와 보낸 시간은 돌아오지 않는 소중한 순간임을 기억했다. 머리 자르는 소소한 풍경은 곧 아름다운 기억으로 내게 남을 것임을.

내게 남긴 말

컨디션이 조금 나아진 그가 내게 앞으로 꼭 해보길 바란다면서 몇 가지를 권했다.

"○○○ 잡지를 볼 것. ○○○ 아트센터에 가볼 것. 오케스트라 음악을 들을 것. 미술관, 결혼상담소, 문학관에 꼭 가봐. 관심을 가지고 꼭 가봐."

"저한테 추천해 주는 이유가 있으신가요?"

"가보면 알아."

어떤 점이 좋아서 추천하는지 이유를 알고 싶었다. 하지만 일일이 다 설명하기엔 그의 기력이 부족했다.

나는 몇 년 전까지만 해도 시간 날 적마다 혼자 미술관이며 갤러리를 쏘다녔다. 작품 속에서 또 다른 세상을 알았고 나와 같은 상처를 봤다. 그 시간만큼은 내 안에 엉겼던 감정을 달래고 위로받았다.

어느 날, 가장의 역할이 너무나 무거웠다. 도저히 견디지 못하고 무작정 짐을 싸들고 밖으로 나왔다. 막상 갈 곳이 막막했다. 어딘가는 가야 했는데…. 당장 떠오른 것은 자동차로 이십 분 정도 소요되는 과천 국립현대미술관이었다. 당시 동남아 쪽 화가의 전시로 기억하는데, 전시장을 다 돌았을 즈음 울적한 내 마음은 어느새 말랑해졌다.

작품을 만나고 나면 벅차오른 감흥에 도록은 꼭 샀다. 작품 대신 도록이 든 내 손은 뿌듯했다. 그렇게라도 전시장에서 느낀 감흥을 좀 더 끌고 싶었다.

좀 더 거슬러 올라가 2009년도로 기억한다. 혼자 스위스에 갔다가 프랑스 파리에서 2박 3일 정도 머물렀다. 돌이켜보면 언어도 안 되는데 참 용기가 가상했다. 걸어 다니는 걸 무척 좋아해서 동네 갤러리를 구석구석 돌았다. 다음날 오르세 미술관에서였다. 인상파 작품들을 꼬박 네 시간에 걸쳐 감상해도, 다양한 샐러드를 먹듯 질리지 않았다. 고흐의 거친 붓질과 색채를 생생하게 느꼈고 고흐의 고달픈 삶이 그려져 먹먹한 가슴을 쓸어냈다. 각 화가와의 작품 속 달뜬 만남은 이어졌다. 마지막으로 발걸음이 멈춘 곳, 툴루즈 로트렉 작품들 앞에서 입을 다물지 못했다. 흐드러진 몸의 움직임을 자유자재로 그린 선과 들킨 듯한 몽롱한 눈동자와 표정이 담긴 그림 앞에선 숨소리조차 멎을 정도였다. 끝내 절정과 희열을 느낀 특이한 경험은 평생 잊지 못할 추억이 됐다. 이때를 생각하면 지금도 입가엔 행복한 미소가 핀다. 퐁피두 센터에선 피카소의 진수를 봤다. 서울에서 판화로만 봤을 때 느끼지 못한 피카소의 진품에 매료됐다. 이렇게 어딜 가면 미술품이 있는 곳을 먼저 찾았다.

첫 박물관 근무지는 공연 문화로 들썩였던 혜화동, 다음 근무지인 가회동은 한옥과 전통문화가 어우러진 곳이었다. 근거리엔 국립민속박물관, 미술관, 갤러리, 작은 공방 등 거니는 공간마다 문화와 예술이 스몄다. 일과 생활이 늘 예술과 함께였다. 그 시절엔 예술만이 내가 살아갈 원동력이었다.

그도 예술을 음미하는 사람이었다. 대답할 기력이 없는 그에게 추천한 이유를 묻기보단 경험한 내 이야기로 풀었더라면 그의 무료한 시간을 조금은 달래주었을 텐데… 아쉬움이 남는다. 반면에 그가 권유한 결혼상담소는 생각지도 않은 일이다. 내게 배우자가 필요하다고 생각한 걸까?

나이가 들수록 주변 부부들의 삶을 보면 참 부럽다. 젊은 날의 세월을 함께 보낸 사람과 공유할 추억이 있다는 것. 말을 주고받을 수 있다는 것. 서로 의지할 단 한 사람이 있다는 것. 그저 옆에 있다는 것만으로 든든하겠지. 그가 한 말이라 한 번쯤은 생각해봐야겠다. 아트센터를 권한 것은 번역된 뮤지컬인 〈잃어버린 신발 열 켤레〉 공연 때문이다. 이것은 재공연하면 꼭 가볼 생각이다. 그가 이 공연을 관람하면서 무엇을 느꼈고 무엇을 말하고 싶었을까. 그가 말한 다른 것도 해봐야겠다. 다시 내게 삶의 기쁨을 지펴야겠다.

무슨 생각이 들었는지 그가 불현듯 내게 말했다. "동기는 순수하고 과정은 성실하며 결과는 좋아야 성공한다." 이 말을 곱씹는다. 성공을 원한 적은 없다고 생각했다. 내 인생은 그다지 성공을 이룬 일이 없다. '잘'은 하려고 '좌충우돌' 살았다. 내가 생각한 부당함에선 맞섰지만 스트레스받는 경쟁은 피해 왔다. 그는 내게서 나 자신도 의식하지 못한 무언가를 본 걸까? 다른 일 마다하고 간병일을 하는 이유, 임종에 가까운 노인의 삶을 접하고자 했던 목적성을 그가 알았던 것일까? 그렇다면 나는 그 옆에서 순수한가? 고스란히 그에게만 집중하고 있는가? 그가 말한 좋은 결과가 성공이라고 한다면 나는 그의 호스피스 시간을 잘 돕고 있는 것일까? 결과는 좋았던 걸까? 질문의 답은 시간이 걸릴 것 같다.

7일차

·
·

1월 28일

떨어지는 기력과 빛을 발한 정신

"의욕이 없어. 욕심도 없고. 세상이 그저 그래." 어제저녁에 그가 중얼거렸다. 잠시 후 이어서 혼잣말을 했다.

"희망이 없어. 여한은 없고 조용히…"

그는 살고 싶은 마음은 있지만, 더 살 기력이 없으니 희망은 없다. 그러니 여한 없이 조용히 죽고 싶다는 마음을 표현했다.

밤 1시부터는 삼십 분에서 한 시간 간격으로 깼다.

전날보다 기력이 떨어져 보였다. "피곤해."하면서 계속 자는가 싶었는데 그게 아닌 모양이다. 눈을 자주 뜨곤 이내 다시 감았다. 무기력에 차라리 감았을지도.

화장실 가기 위해 침상에서 몸을 일으켰다. "힘이 더 없다"며 침대 양쪽 난간을 잡는데 일어설 때 주춤거렸다. 며칠 전과 달리 눈에 띄게 기력이 점점 떨어지는 듯하다.

발자크는 "죽음, 이 기막힌 상황을 묘사할 기력이라도 있었으면 좋겠다"면서 "악마는 내게서 잠, 입맛, 거동할 기력을 빼앗아 갔다"고 죽음에 처한 무기력한 상황을 말했다. 그가 겪는 것도 같은 느낌이 아니었을까?

정신을 차리고 깨어 있을 땐 예전의 권위를 되찾았다. 눈꺼풀은 처음 봤을 때보다 푹 꺼져 힘이 풀렸지만, 허리는 바로 세웠다. 늙고 병든 몸은 성적 매력을 잃었지만, 자존심과 명예를 중히 여긴 정신은 매력의 빛을 발했다. 그의 정신은 빛났다.

나는 병실 복도를 지나다 눈 내린 병원 밖을 잠시 내다봤다. 세상은 멈춘 것 같다. 별다를 것 없이 보내는 하루. 끝없이 이어질 것 같은 이 시간도 끝이 있다는 것을 안다. 돌아오지 않을 하루, 순간순간이 더욱 소중한 지금이다.

늦은 오후. 정신을 조금 차리자 그가 말한다.

"나는 보통사람이야." 무슨 말인가 싶어 그가 말을 이을 때까지 기다렸다.

"부정하게 살지 않았어. 학부모들이 '교장 선생님, 돈이 필요하시죠?'라고 물으면 '네, 필요하지요' 했지. 돈을 받아도 학부모들이 부정하게 생각하지 않았어. 신뢰한 거지. 학교는 좋은 선생님이 가장 중요해. 좋은 선생님을 불러오는 데 돈을 사용했지. 그럼 학교는 잘 돌아가는 거야."

그는 옛 시절을 떠올리며 좀더 이야기를 이었다.

"한번은 내가 인솔해서 중국으로 여행 간 적이 있어. 아침에 일행 중 한 사람이 안 나와서 가봤더니 돈이 없어졌다는 거야.
그래서 내가 가방을 풀었다 쌌다를 다섯 번 반복하라고 했어.
결국, 그 가방에서 돈이 나왔지. 당황하면 안 보이는 거야. 차분
하게 가라앉히고 살펴보니까 제대로 사물이 보인 거지."

간혹 나도 그런 경험이 있다. 분명 책장에 꽂아둔 책을 아무
리 찾아도 안 보일 때 "귀신이 곡할 노릇이다!"라는 말이 절로
나온다. 생각도 마찬가지다. 할 말이 떠오르지 않거나 단어가 입
안에 맴맴 돈다. 그럴 땐 멈춘다. 예전엔 물건이든 기억이든 어
떻게서라도 찾아내려 몇 시간이고 안간힘을 썼다. 이젠 "버리
지 않았으니 언젠가 나타나겠지."하고 내버려두면 어느 날 무심
히 내 눈에 그 책이 들어왔다. 책장 한쪽에서 "나는 여기에 있었
어."라고 말하듯이. 정신과 마음이 산란하면 '그대로' 보이지 않
는다. 사람도 물건도 말이다.

탐춘, 진리는 가까운 곳에 있습니다

그와 나는 도록을 자주 펼쳐 보며 이야기 나눴다. 내가 글씨를
감상하고 글의 뜻을 읽으면 그가 넌지시 작품을 설명한다. 그는
가르치는 것을 좋아했고 나는 가르침 받는 것을 좋아했다. 그에
게서 내가 생각하지 못한 다른 생각을 들으면 곰곰이 더 생각했
다. 그의 오랜 삶에서 나온 지혜였기에 허투루 듣지 않았다.

제목, 探春. 찾을 탐. 봄 춘. '봄의 경치를 찾아다니며 구경함'
이라는 제목의 글이다.

종일토록 봄을 찾아도 봄기운 보지 못해
짚신 신고 산마루 구름 낀 데까지 갔었지
돌아오다 마침 매화나무 밑 지나는데
봄은 가지 끝에 어느새 와 있는걸

그가 가장 좋아하는 시 몇 편 가운데 하나다. 한문으로 서예

를 쓴 그의 작품 아래 한글로 해석된 글을 소리 내서 읽어 보란
다. 내가 시를 다 읊고 나자 그가 지그시 감았던 눈을 뜨며 "가
까운 곳에 진리가 있는 것이지 멀리에 있는 것이 아니야."라고
말하고는 "진리는 가까운 데 있습니다."라고 정리했다.

쉽고 짧은 그의 말투가 재밌고 귀에 쏙 들린다. 그는 "말을 짧
고 단순하게 해."라고 말했다. 이렇게 하려면 머릿속 생각이 정
리돼야 함축해서 표현할 테다. 내가 정말 못하는 거다. 내 머릿
속은 많은 것이 정리되지 못한 채 뒤섞였다. 글로 쓰는 건 조금
낫다. 글은 외부로 나가기 전까진 혼자 툭 던져도 주워 담을 수
있으니까. 게다가 정리할 시간이 있다. 내 글을 읽는 사람도 시
간을 들일 마음이 있을 테니까 결론부터 급히 말하지 않아도
된다. 말보다 글로 표현하는 게 마음 놓였다. 그렇다 해도 말은
흘러가지만, 글은 남으니 그 또한 가볍게 볼 일이 아니다.

20세기 철학자 비트겐슈타인이 '말할 수 없는 것에 대해서는
침묵을 지켜야 한다'고 했던 선언문은 내게 깊은 울림을 주었다.
내 식으로 적용해 본다. '표현하지 못하는 것에는 미사여구를
늘어놓지 말자'라고.

나는 20대까지만 해도 변호사라는 별칭이 붙을 정도로 조리
있게 말했다. 막힘없이 말했다. 남의 섣부른 판단은 중요하지 않
았다. 그래서 생각을 얘기하는 것에 주저함이 없었다. 리더로 앞

에 나서진 않았지만, 조용히 있다가 할 말은 했다. 의협심에 그랬다. 어디서 용기가 났는지 많은 사람 앞에서도 생각을 주장할 줄 알았다. 나를 비난하는 사람은 없었다. 두려움 없이 말 첫머리에 내 생각을 전달했다.

이젠 "도대체 하고 싶은 말이 뭐야?" 본론은 언제 나올지 빙에둘러 말한다는 소리를 듣기 일쑤다. 점점 말하는 것이 두렵다. 많은 이야기를 다 설명할 자신이 없어 그냥 넘기기도 한다. 스마트폰 짧은 문자로 어떻게 서로의 생활과 삶을 깊이 이해하고 이해받을 수 있을까? 심리는 주눅 들어 더 어눌해진다. 나를 이해받기 위해 앞의 설명이 길어진다. 그래서 내 생각의 핵심을 얘기하기보다 상황을 죽 펼쳐놓고 듣는 사람이 판단하기를 바란다.

나이가 들수록 주변을 더 살피게 된다. 생각을 내세우는 데 조심스럽다. 마음과 생각이 침묵하는 행위라면 얼마나 좋겠는가. 단지 말을 조리 있게 전달하지 못하고 비난이 돌아올까 봐 입을 닫는 거다. 성인이 된 자식과의 관계에선 더욱 그렇다. 오히려 할 말을 못 한다. 참다못해 불쑥 화를 내거나 휙 방문을 닫고 자리에 눕는 것으로 불쾌함을 표현한다.

내 마음에 걸림이 없으면 말하기 쉽다. 듣는 사람도 걸림 없이 듣는다. 진리는 내 안에 있었다. 그의 말처럼 "진리는 가까운 곳에 있습니다."

사랑의 '치' 오자

해는 넘어가고 어둑어둑해질 무렵이다. 간단히 머리를 빗어 넘긴 그는 병실 문을 나섰다. 지인에게서 되가져온 작품을 보기 위해서다. 양손으로 보행보조기를 잡고 발을 끌며 천천히 걷는다. 복도를 지나 저만치 중앙홀을 거쳐 벽면 맨 오른쪽에 그의 작품이 걸렸다. 가까이 다가간 그는 작품을 한참 살피더니 감탄한 듯 "잘, 썼다!"라고 갈라진 쉰 목소리로 말했다. 액자엔 세로 방향으로 '사랑'이라는 큰 제목과 함께 한문과 한글로 된 내용이 바로 옆줄에 나란히 쓰였다.

사랑은 오래 참고 사랑은 온유하며 투기하는 자가 되지 아니하며
사랑은 자랑하지 아니하며 교만하지 아니하며 무례히 행치 아니하며
자기의 유익을 구아 • *

* '그'는 고린도전서 13장 5절의 내용을 쓰던 중 '자기의 유익을 구치 아니하며' 부분에서 순간 '구치'를 '구아'로 잘못 썼고, 이를 '구아'의 '아' 옆에 빨간색 동그라미 표시를 하여 아래에 '치'의 오자임을 명기했다.

아니하며 성내지 아니하며

악한 것을 생각지 아니하며 불의를 기뻐하지 아니하며 진리와 함께 기뻐하고

모든 것을 참으며 모든 것을 믿으며 모든 것을 바라며 모든 것을 견디느니라

고린도전서 제십삼장·치오자*
이천이십년 한여름 함소실 도미니코**

작년 여름에 쓴 작품이다. 이때만 해도 그는 글을 쓸 열의가 있었다. 그가 자신의 작품을 뒤로 하고 똑바로 서는 자세를 취했다. 기념사진을 찍으라는 뜻이다. 나는 웃으며 사진을 찍었다. 그가 다시 작품을 보며 말한다.

"저기, 네 번째 줄 있지? 한글 죽 내려보면 '아'자가 보이지?"

"하나, 둘, 셋, 넷, 다섯… 여덟."

나는 그가 말한 글자를 찾기 위해 위에서부터 세다가 '아'자 옆에 빨간 점이 찍힌 것을 발견했다.

"거기, 점이 찍어 있지?"

"네, 빨간 점."

* '•'와 '치오자' 빨간색으로 쓰였음.
** 함소실 옆에 호와 이름이 원래 적혀 있었다.

"'구아' 말이 안 되잖아. '구치 아니하며'"

"구치 아니하며."

내가 고문서를 해석하듯 더듬거리며 따라 읽었다.

"저게 '치'자야. 구치 아니하며. 저럴 때는 전부를 고칠 수가 없잖아."

"네."

'구치'를 써야 하는데 '구아'라고 썼기 때문에 '아'자를 '치'자로 고쳐야 하는 상황이었다.

"맨 왼쪽(끝에서) 두 번째에 점 하나 똑같이 쳐 있잖아."

'사랑'이라는 제목의 글을 다 쓴 후 '고린도전서 제십삼장'이라고 쓴 다음 빨간 점을 찍고 '치오자'라고 쓰여 있었다. 나는 발견한 기쁜 마음에 대답했다.

"네네."

"그게(빨간 점은) '치 오자다' '치'를 잘못 썼다는 거야."

"아, 그렇구나…"

나는 그의 말뜻을 알아차리고 중얼거렸다.

그는 보행보조기를 되돌려 병실 쪽으로 발을 끌어 걸으며 말을 이었다. 나는 계속 그를 따라가며 영상촬영을 했다.

"그래서 아무 흠이 없어. 작품이야 그것까지도."

"네, 그러네요. 정말. 나중에 수수께끼로 사람들에게 찾아보라고 해도 재밌을 것 같아요!"

"조금 찾아보면 알아. 이제 여기다 죽 이어서 (전시)*하겠지?"

맨 오른쪽 그의 작품에 이어 앞으로 임종할 다른 사람의 작품이 쭉 걸릴 거라는 말이다.

그는 병실에 돌아와 "내 흔적을 내가 죽을 자리에 남겨 두었구나. 오케이!"라고 말했다.

* ( )는 저자가 해석한 글.

미의 정의

병실로 돌아온 그는 긴 의자에 앉아 말을 이었다. 그리곤 뭔가 쓰려고 해서 나는 탁자를 끌어다 그 앞에 놓은 뒤 얼른 그의 붓 펜을 찾아주고 나의 묵상 노트를 펼쳤다. 그의 필적을 내 노트에 남기고 싶었다. 그는 '적당한 장소에 적당한 물건이 적당히 놓여있을 때 미라 한다'라고 썼다. 날짜를 쓰려던 그가 머뭇거렸다. 며칠 전엔 도록에 서명하고 날짜를 쓸 때마다 "경축년인가?" 라고 물었다. 올해가 '신축년'이라는 것을 확인하곤 바로 한자로 썼다. 이젠 그마저도 생각이 안 나는 듯했다.

"금년이 정년 해인가?"

"신축년요."

내 대답에 '신'자를 쓴 다음 '축'자가 떠오르지 않는지 고개를 들어 생각해내려고 애썼다. 그리곤 겨우 기억을 떠올려 한자로 '신축'을 썼다.

"생각나셨어요? 오늘은 정월 이십팔 일이요."

날짜와 자신의 호를 쓴 후 내 이름을 쓰려고 했지만, 기억이

가물가물한 모양이다.

"유성… 맞지?"

"네?"

"유성…기?"

"유성이. 유, 버들 유柳."

내가 말하자 '버들 유'를 한자로 썼다. 하지만 이내 '성' 자에서
막혔다.

"성품 성."

"응?"

"성품 성性."

내가 반복해 말해도 그는 입을 벌린 채 한참 기억해내려고 애
썼다. 며칠 전까지만 해도 술술 써낸 한자다.

"어떻게 쓰지? 연필로… 손으로 써."

탁자 위에 손가락으로 써보라는 시늉을 했다.

"자, 보세요. 이렇게 이렇게. (심방변을 쓰고) 날 생生."

그가 탁자 위에 써 보이는 내 손가락의 움직임을 보더니 글자
를 알아보곤 약간 힘줘 말했다.

"'성'자!"

"예."

"'기'자는?"

그는 내 이름 끝 자를 '기'라고 말했다. 잘못 기억을 한 것인

지 아니면 생각과 달리 말이 헛나온 것인지 좀 전에도 '기'라고
했다.

"이伊. 저이 자. 사람인 변에 '윤 ⺢ '자. 자, 이거 보세요."

내가 다시 탁자 위에 써 보이자 그는 사람인 人까지만 쓰고 펜
을 멈췄다. 더 쓰질 못했다.

'생각이 잘 안 나시는구나…' 내가 안타까운 마음에 중얼거
렸다.

"'이'가 생각 안 나"

내게 노트에 쓰라며 펜을 건넸다. 그가 쓴 '사람인 변'에 '윤'을
덧붙여 썼더니 기억이 되살아났는지 얼른 말했다.

"'이' 자 '이' 자."

"'이'자 위에 아까처럼 점 찍고 오자라고 쓸까요?"

그가 쓴 사람인 변이 옆으로 뻗쳐 약간 어색한 '伊'자 모양이
돼서 말했더니 그가 만류했다.

"뭐하려고."

그 정도야 넘어가도 된다는 그의 말에 나는 웃었다.

그가 '유성이 자매에게'라고 다 쓴 후 설명했다.

"적당한 장소에, 적당한 물건이…"

노트를 옆으로 삐딱하게 움직였다가 바로 놓으며 말을 이었다.

"삐뚤지 않고 반듯이 놓여있을 때, 코가 여기가 아니고."

손가락으로 오른쪽 볼을 가리켰다가 코를 왼쪽, 오른쪽을 옮

겨 가리키며 말했다.

"적당히 삐뚤지 않게 놓여있는 그것을 '미'라고 한다."

말을 마친 후 다시 한마디로 정리했다.

"미의 정의."

'적당한 장소에 적당한 물건이 적당하게 놓여있을 때 미의 정의라고 한다'는 말은 그의 '사랑' 주제로 쓴 작품이 제자리(호스피스병원)에 놓였다는 그의 감상평이다.

그의 글을 보면서 "나는 나란 사람을 제자리(공간)에서 제구실(일)하여 제빛을(의미) 발하게끔 하는가?"라는 질문을 나 자신에게 했다. 대우받지 못하는 자리에서 기웃거리다 매를 맞기도 했다. 이번 간병인 일처럼. 나는 나를 함부로 대하는 건가? 의미 있는 일을 한다는 나 혼자만의 착각에 사로잡힌 오만인가? 환자와 가족에게 진정 선의로 대했다고 착각한 것은 아닐까? 선의로 한 행동일지라도 모두에게 좋은 것인가? 그 선의가 주변 사람들을 불편하게 만들 때 그것은 정말 선의인가? 누구를 위한 선의인가? 내게 던진 화두로 받았다. 미의 정의.

8일차

·

·

1월 29일

의사가 건넨 희망

"오늘이 이십구 일, 금요일이지?"

그가 침상 맞은편 벽에 걸린 달력을 보곤 날짜를 확인했다.
자다가도 눈이 떠지면 바로 벽시계 쪽으로 눈길을 보낸다. 시간
을 확인했다.

흐르는 시간 속에서 세수하고 식사하고 양치질하고 화장실
가는 일상을 보냈다. 하나부터 열까지 쉴 새 없이 수발드는 나
를 지켜보며 그가 말한다.

"나 때문에 병나겠다."

어제보다 좀더 입이 벌어진 모습으로 잠든 그를 바라보다 긴
의자에 내 몸을 뉘었다.

깜박 잠이 들었나 보다. 꿈까지 꿨다. 화들짝 깨어 일어나 보
니 그도 꿈을 꾸다 막 잠이 깬 표정이다.

"저도, 꿈을 꿨어요."

"꿈을 시도 때도 없이 꿔."

둘은 가만히 멍하니 있었다.

오전 10시 20분. 담당 의사가 회진을 돌며 그에게 다가왔다. 간호사 두 명만 뒤따라왔다. 마침 깨어 있는 그에게 의사가 부드러운 음성으로 물었다.

"지내기 어떠세요?"

"그저 그래요." 쓴웃음을 지었다.

"복수는 불편할 정도가 되면 뺄 겁니다. 조금 안정이 됐으니까 집에 갔다가 다시 와도 좋아요." 의사는 뜻밖의 얘기를 꺼냈다. 가만히 듣던 그는 의사가 나간 후 내게 말했다. 이때부터 시작이었다.

"아들에게 전해야 하지 않을까?"

그는 내게 아들에게 전할 말을 지시했다.

"의사 선생님의 말씀을 전하고, 나는 여기서 더 안정을 취하고 싶다고 말해."

그가 속마음과 다르게 말한 것은 아닐까? 하는 의구심이 들었다. 그가 진정 원하는 게 무엇인지 헷갈렸다. 그의 말대로라면 '보호자인 아들에게 의사의 의견을 전해야겠고, 의사는 집에 가도 좋다고 했지만, 자신은 이곳에 있고 싶다'는 것이다.

나는 우선 의사가 집에 가도 좋다고 한 말뜻을 정확히 알고 싶었다. 그래서 함께 들었던 2층 수간호사에게 확인한 다음 그와 그의 아들에게 전하려고 했다. 몇 년 전 다른 호스피스센터에서 인연이 있던 수간호사였기에 편한 마음으로 물었다. 그녀는 내 말을 듣곤 친절하게도 직접 말해 주겠다며 바로 그에게 갔다.

"의사 선생님 말씀은 어르신이 조금 안정이 되었으니⋯ 병원은 아무래도 집보다 못하잖아요. 현재 주사를 맞는 것도 아니고 하니 외래하셔도 된다는 거예요."

"그럼 복수가 차면 어떡하지요?"

"관을 해놓으면 집에서 어르신이 직접 물을 빼면 돼요."

수간호사가 병실을 나간 후 그가 말했다.

"당장 내일 가겠다고 아들에게 말해요."

그는 여기 왔을 때 다시 집에 돌아갈 생각은 하지 않았다. 여기서 지내다 조금 나아지면 병원 근처에 지낼 만한 곳을 구해놓고 봉사하며 남은 생애를 보낼 생각이었다. 하지만 자신의 몸이 나아질 거라는 희망은 없어 보였고 '여기서 죽겠구나' 생각했는데 의사에게서 집에 가도 좋다는 말을 들은 것이다. 게다가 저번에 의사가 관을 꽂겠냐고 물었을 땐 거절했었는데, 관을 꽂으면 스스로 물을 뺄 수 있다는 간호사의 설명을 듣고는 이해하고 받아들였다.

아래층 로비로 내려가 큰아들에게 전화했다. 두 아들의 생각은 그와 달랐다.

"집에서 돌봐줄 사람도 없고, 호스피스병원에서 두 달이든 계속 있기를 원합니다."라며 단호한 어조로 내게 말했다. "자매님(같은 가톨릭 신자로서 어르신 가족이 부른 호칭)도 흔들림 없이 그렇게 알고 있으면 좋겠습니다." 강한 의지로 덧붙였다. 그도 그럴 것이 이곳에 오기까지 많은 고심과 절차를 거쳐 결정을 내렸고 겨우 자리를 잡았다. 게다가 호스피스 기관은 많지 않아, 재입원 자리가 바로 날 것이라는 장담도 하지 못한다. 잠시 집에 갈지라도 병원처럼 간호해줄 사람이 없었다. 노부인은 평생 운영한 약국을 벗어나지 못하는 데다 그의 병시중을 들기에는 무리였다. 아들들은 어머니의 몸도 걱정되지 않았을까. 그래서 차라리 아버지가 호스피스병원에 있는 것이 안심됐다.

"아버지의 심리가 불안정한 변화를 보이잖아요. 토요일, 일요일엔 동생이 갈 거고 월요일에 제가 간병을 대체할 때 말씀드리겠습니다."라고 말했다.

환자들의 저녁 식사를 실은 밥차 소리가 난 지 몇 시간이 지났다. 그가 시간을 묻는다.

"몇 시지?"

"여섯 시 사십오 분이에요."

"에휴…"

"시간이 안 가요?"

그가 고개를 끄덕이며 말했다.

"할 수 없지 뭐…."

내가 잠시 자리를 비운 사이 아들의 전화가 온 것일까? 그는 집에 가겠다는 말을 더는 하지 않았다.

나이가 들면서 자식을 대하는 나를 되돌아보면 그도 자식의 눈치를 보지 않았을까 싶다. 보통 병든 노인이거나 특히 임종을 앞둔 사람은 의기소침해진다. 더군다나 원하는 게 있다 해도 자신의 의지로 하지 못했고 그대로 되란 법도 없었다.

가족의 복잡한 상황이 고려되어야 하는 것을 이번에 또 한 번 확인했다.

태어나 처음 있는 일

한바탕 집에 가는 문제로 술렁이다가 오후 4시쯤 잠이 든 그가 설사를 했다. 변이 안 나와 처방된 설사약을 복용한 후였다. 하지만 그는 잠든 채 설사한 것을 인식하지 못했다. 냄새가 나서 나는 가림막 커튼을 친 다음 몸을 수그려 귀에 대고 "어르신, 바지 좀 살펴볼게요." 나지막이 말했다. 말소리에서 눈치챘는지 그는 옆으로 누운 채 내가 하는 대로 뒀다. 팬티에 설사가 묻었다. 그는 적잖이 놀랐을 텐데 차분히 기다렸다. 말없이 새 팬티와 환자복 바지와 물티슈를 준비해서 신속하게 처리했다. 빨랫감은 그의 아들이 가져가서 세탁해 왔지만, 이번 오물 묻은 팬티는 내가 빨았다. 팬티를 건 옷걸이는 침상 머리맡에 보이지 않게끔 널었다. 어느 정도 뒤처리가 끝나자 그가 말한다.

"내 평생 처음 있는 일이야…."

그는 자신에게 일어난 일에 당혹스러워했다. 그의 심정을 이해하면서도 나는 '이제 시작되었구나'라고 받아들였다. 배변 조절이 안 되는 상태가 되는 것. 뒤처리조차 타인의 도움을

받아야 하는 것. 도움을 받아들이고 엉덩이를 내맡길 용기를
내는 것.

결국, 온전히 타인의 도움이 필요한 태어났을 때의 모습으로
돌아가는 것. 생명의 시작과 끝은 같은 모습이었다.

어쩌면 이 실수가 집에 가겠다던 그의 생각을 거두게 했을지도.

옆 침상의 괴성

"집에 갈 거야! 새꺄!"

"그만하세요! 엄마가 안 본대요! 지금껏 아버지 하고 싶은 대로 살았잖아요!"

이웃 병상에 새로 들어온 부자의 험악한 대화 소리였다. 몸집이 큰 환자는 자기 아들에게 욕지거리를 해대며 집에 보내달라고 소란을 피웠다. 눕지도 않고 앉아서 양팔은 쭉 뻗친 채 침대 난간을 붙잡고 버텼다. 지칠 법도 한데 끊임없이 괴성을 질러댔다.

몇 시간이 지나 의뢰한 조선족 간병사가 오자 아들은 환자를 맡기고 돌아갔다. 하지만 환자는 간병사에게 "아들 오라고 해!"라며 큰소리를 쳤다. "잘해 드릴게요…" 간병사는 절절 매며 상냥하게 말했다. 그런 간병사의 말을 듣곤 좀 잠잠해지는가 싶었다. 하지만 그것도 잠시뿐. 다시 아들을 부르는 환자의 요구가 계속됐다. 간병사는 임시방편으로 "전화 통화했어요. 올 거예요." 라며 안절부절 못했다. 그러자 환자는 불같이 화를 내며 "온다, 온다, 거짓말하고 있어!" 병실이 떠나갈 듯 소리를 질러댔다. 게다가 간병사의 말은커녕 식사 수발도 받지 않겠다고 버텼다. '힘들 텐데 눕기라도 하지…' 염려가 될 정도로 꼬박 앉은 채 기력을 다해 길길이 뛰며 성을 냈다.

이쯤 되면 옆의 환자를 고려해 소란 피우는 환자를 다른 병실로 옮기지 않을까 기대했지만 병원 측에선 어떤 조처도 없다. 빈 병실이 없거나 다른 사정이 있는지는 모른다. 아무튼 치료가 급한 일반병원 응급실과 달리 조용하기만 했던 호스피스병원에서 일어난 낯선 소란이었다.

끝내 조선족 간병사는 두 손 두 발 다 들고 말았다. 환자가 폭행을 가할까 봐 무섭다며 그만두겠다고 한다. 그녀는 간병사로서 경험이 많은 사람이다. 다른 병원에서 겪은 일도 말해줬다. 동료 간병사가 환자에게 폭력을 당한 사례를 봤단다. 그래서 위험을 감수하며 일하진 않겠다고 한다. 조선족 간병사는 아들이 오자마자 그만두었다. 마침 특실로 옮겼던 50대 사진작가의 보호자가 간병사를 구한 덕에 곧장 그 병실로 가버렸다.

그는 이웃 환자가 들어온 뒤로 티브이 뉴스도 안 틀었다. 그렇게 소리를 질러대는데도 싫은 내색 한 번 하지 않는다. 내심 '양반이다, 평생 학교에서 살아서일까? 참 점잖다'라는 생각이 들었다. 덕분에 나도 덩달아 그 아우성을 참아냈다.

오늘 하루는 조용하기만 했던 병실에 많은 일이 일어났다. 그는 매일 쓰던 '황혼 일기'를 처음 걸렀다. 그만큼 그에겐 버거운 하루였다. 기력이 떨어진 몸은 더 지쳐 보였다. 더구나 가족에게 받은 소외감과 죽음 불안 때문에 울부짖는 옆 환자를 보며 그는 동병상련의 복잡한 심경이었으리라. 병실 공기를 타고 맴도는 불안 속에서 그는 침묵했다.

9일차

·

·

1월 30일

수난의 시간 예고

옆 침상에서 밤새 삼십 분 간격으로 괴성이 터져 나왔다. 가림막 커튼 한 장을 사이에 두고 누운 그는 깜빡 잠들다가도 깼다. 그리곤 다시 잠 못 이루고 뒤척이다 멍하니 천장만 바라봤다. 내게 침상 머리맡에 불을 켜놓으라고 한다.

새벽 5시 무렵. 그가 줄곧 뒤척여서 침상의 반시트가 구깃구깃해졌다. 등에 배길까 봐 시트를 펴려고 하니 그가 엉덩이를 달싹여줬다. 내친김에 그는 병실 밖으로 나가자고 했다. 중앙홀에는 같은 병실에 있다가 1인실로 옮겨간 사진작가의 작품들이 전시되었다. 그는 작품에 눈길을 두고 천천히 보조보행기를 밀면서 홀을 한 바퀴 돌았다. 로비가 병실보다 오히려 더 조용했다. 잠시 안정을 취한 후 병실로 되돌아왔다. 스팀 수건으로 얼굴 마사지를 받은 그는 어제 처음 거른 '황혼 일기'를 펼쳐 짤막하게 적었다.

날이 밝았다. 그는 이마에 손을 얹었다. "머리 아프세요?"라고 묻자 고개를 끄덕인다. 차가운 내 손을 그의 머리에 얹었다. 소변을 보려고 일어난 그는 침상에 걸터앉은 채 계속 머리가 지끈거리는지 고개를 가로저었다.

뉴스라도 볼 양으로 티브이를 켜라는 그의 말에 전원을 눌렀다. 옆 침상 어르신이 티브이 소리가 듣기 싫은지 소리시늉을 냈다. 그가 얼른 내게 끄라는 눈짓을 보냈다. 나는 불에 덴 것처럼 부리나케 리모컨을 눌렀다. 그는 병실에 있는 것보다 차라리 걷는 게 나은지 "걸어볼까?"라고 조용히 말했다. 병실을 나서자마자 복도에서 만난 간호사가 "어제 시끄러워 못 주무셔서, 힘드시죠?"라고 안부를 묻자 그는 "아니."라고 대답했다.

그는 영양제를 맞겠냐는 간호사의 말을 기억하고 내게 물었다.
"영양제 맞는다고 그랬나?"
"네, 제가 알아보고 올게요."
그가 고개를 끄덕였다. 떨어지는 기력에 영양제라도 맞겠다는 생각이다. 간호사실에 갔더니 영양제를 맞겠냐고 물은 간호사는 이미 퇴근한 뒤였다. 당직자로 인수인계를 받은 신입 간호사가 대신 알겠다고 한 말을 그에게 전했다.
"열한 시 이전까지 준비해서 오겠대요."
그가 큰아들에게 전화했다.

"아빠다." 별다른 감정 변화가 없는 목소리로 말을 잇는다.

"그래, 잘 있다. 영양제 맞기로 했다." 그답게 간단한 통화로 끝냈지만 그 의미는 다 알아들었다. 어제, 집에 가는 문제로 마음이 상했을 테지만 아들의 걱정을 덜어주기 위한 통화였다. 자신을 '아빠'라고 한 호칭이 인상적이다. 큰아들은 내 나이쯤 돼 보였는데, 그 시절엔 거의 '아버지'라고 불렀지 '아빠'라는 호칭을 사용하는 일은 흔치 않았다. '아빠'라는 호칭에서 다정다감한 부자간의 속정을 느꼈다. 곁에서 지켜본 그는 배려심이 깊고 어려운 일도 크게 만들지 않고 잘 인내하는 모습이다. 평정심을 잃지 않는 마음, 정말 배울 점이다.

그의 모습에 존경의 마음을 담은 나의 '응'에 그가 '답'한다.

"아버님, 사랑합니다."

"사랑합니다."

"아버님, 감사합니다."

"감사합니다."

신앙인인 그도 '사랑'과 '감사'가 얼마나 소중한 마음인지를 알기에 내 마음의 뜻과 진심을 알아차리고 답해 주었다.

아침 식사에는 미음을 거의 다 먹었고 총각무 한 젓가락, 갓김치 한 젓가락, 배추김치 한 젓가락, 동치미 국물, 한라봉 두 쪽, 사과 한 쪽을 맛있게 먹었다.

계속된 수난의 영양주사

11시쯤. 약속대로 신입 간호사가 영양제를 준비해 왔다. 신입 간호사는 그의 왼손에 정맥 주사를 놓는데 혈관을 잡지 못해 애를 먹었다. 고무줄을 묶었다 풀기를 몇 차례, 내 몸 같았으면 진작에 화를 내며 다른 간호사를 찾았을 테다. 하지만 그는 마다하지 않고 팔을 내줬다. 이제 첫발을 내디딘 간호사가 혹여나 주눅이 들까 봐서일까? 사실 나도 그와 같은 마음으로 옆에서 지켜봤다. 신입 간호사는 한참 헤매다 겨우 찾은 혈관에 바늘을 찔렀다. 그는 고통스러운 듯 인상을 찌푸렸다. 하여간 주사는 놓았고 영양제는 들어가기 시작했다.

밤새 쪽잠마저 제대로 못 잔 나는 긴 의자에서 깜박 졸았다. 2시 30분쯤. 그가 화장실에 가려는지 기척을 냈다. 순간 그의 팔을 보고 깜짝 놀랐다. 손과 팔꿈치 안쪽이 퉁퉁 부었다! 나는 간호사실로 달려갔다. 신입 간호사는 자리에 없고 다른 간호사가 있었다. 병실에 와서 그의 상태를 보고 간호사가 가장 먼저 한 말은 "진작 발견했으면 괜찮았을 텐데…"였다. 간호사 측의 실수를 인정하고 환자에게 미안하단 말이 먼저 나와야 하는 거 아닌가. 다른 사람 탓으로 돌리다니. 빨리 발견하지 못하고 뭐했냐는 말로 들려 화가 났다. "제가 잘 놔드릴게요."라며 간호사가 다시 반대편 손등에 정맥 주사를 놓았다. 그는 인상을 쓰지 않았다.

잠시 후, 실수한 신입 간호사가 상황을 살피러 왔기에 물었다.
"왜 부은 거지요?"
"주사액이 정맥에 들어갈 곳으로 안 들어가고 새서 부을 수 있어요."라고 신입 간호사는 설명했다. 비록 실수는 했지만 솔직한 태도에 불편한 심정은 조금 누그러졌다.

오후 4시 넘어서였다. 간호사가 오른손등에 놓은 정맥 주사 바늘이 빠졌다. 나는 또다시 간호사실로 달려가 말했다. 그녀는 이번에도 환자에게 괜찮으시냐, 여러 번 힘들게 해서 죄송하다, 사과는커녕 "왜 이런 일이 생겼을까…?"라고 자신의 책임을 회피하듯 중얼거렸다. "이번엔 제가 안 빠지게, 확실히 할게요."라며 다시 정맥에 주사를 찔렀다. 하지만 한 시간도 안 되어 그가 윗몸을 일으켜 앉는데 주사 놓은 자리에서 또 피가 흘렀다.
다시 주사 준비를 해온 간호사는 앉자마자 자신의 자랑을 늘어놓았다. 환자의 관심을 주삿바늘이 아닌 다른 데 쏠리게 할

요량이라고 하기엔 거의 일방적인 지루한 독백이었다.

주사 놓기까지 그가 답한 짧은 두세 마디를 빼곤 지리하게 늘어놓는 간호사의 자랑을 옆에서 듣기가 힘들었다.

그는 간호사에게 주려고 내게 도록이 있느냐고 물었다. 하지만 남은 도록은 없었다. 나는 "지금 도록이 없어요."라고 쌀쌀맞게 잘라 말했다. 그가 "가지고 오면 되지."라며 아쉬워했다. 간호사가 실수를 인정하지 않고 탓을 돌리며 책임을 전가한 것이 꽤 씸했다. 그리고 자신이 읽은 문학전집 자랑을 늘어놓은 것도 얄미웠다. 아마도 문학과 예술에 관해 그와 대화를 못한 아쉬움이 내 마음속에 자리한 모양이다.

이런 감정이 질투라는 것. '내 안의 내가' 들춰 나왔다. '내가 충분한 사랑을 받지 못했구나…' 내가 원하는 것은 웬만큼 하게 해줘서 나는 부모님의 충분한 사랑을 받은 줄 알았다.

어릴 때 바깥에서 놀다 집에 들어와 엄마 품에 안겨 모유를 먹은 기억이 있다. 표현력이 없는 엄마에게서 '사랑한다'는 살가운 말 한마디 듣지 못했지만, 유년시절의 이 기억은 평생 나의 정서를 안정적으로 떠받치는 원동력이었다. 내가 초등학교 5학년 때부터, 아버지는 사업차 포항에 거주하면서 계절이 바뀔 즈음 서울집에 왔다. 그때마다 오븐에 구운 카스텔라 냄새가 집안 가득 퍼졌고, 아버지가 방마다 새로 도배를 하는 등 활기가 넘쳤다. 아버지는 큰언니와 작은언니에게 훈육을 몰아서 했다. 옆에서 잠든 나는 진즉에 깼으면서도 자는 척했다. 엄마는 서울과 포항집을 보름에서 한 달 간격으로 오갔다. 나는 이때부터 엄마 대신 큰언니의 사랑을 받았고, 부모님 보육의 사각지대에 놓였다. 나는 불편해도 투정 부리는 아이가 아니었다. 귀를 앓아 늘 고름이 흘러내리는데도 말 한마디 하지 않아 제때 치료를 받지 못했다. 청력 상실은 내 인생 전반에 큰 영향을 미쳤다.

특히 아버지의 부재는 다른 성性을 이해하는 데 미숙했다. 성인이 되어 사랑을 주고받는 데 서툴고 어리숙했다. 하지만 내 삶에는 어떤 '사랑'이든 언제나 있어야 했다.

나의 사랑결핍은 호스피스에서 만난 임종자들, 성당에서 만난 노숙자, 조현병 청년, 정신 나간 떠돌이 여인에게 호의를 보이며 채웠다. "극도로 이타적인 면을 가진 사람은 오만한 면을 갖고 있다"라는 누군가의 말에서 '나 역시 그랬던 것은 아닐까?'라고 생각해본다.

오랜 시간 치유와 성찰과 신앙생활로, 이제는 건강한 감정으로 기쁘게 '나를 선물로 내줄 수 있는* 이타적인 사랑'을 한다고 생각했다. 하지만 이번 일로 내 결핍과 불쑥 맞닥뜨려지며 당황스러웠다.

* 카롤 유제프 보이티와(K. J. Wojtyła, 요한 바오로 2세의 본명)의 저서 《The Personal Structure of Self-Determination》 194쪽 참조

모처럼 영양주사 한 번 맞으려다 그는 네 번이나 수난을 겪었다. 그런데도 "그럴 때가 있지. 인생을 살다 보면."이라고 너그러이 이해했다.

저녁 7시 30분부터 그는 몸을 뒤척이며 부대끼듯 불편해했다. "내 몸이 힘들어."라는 말이 그의 입에서 흘러나왔다. 그리고 안 되겠는지 진통제를 놔달라고 간호사에게 말하란다. 8시에 진통제를 먹었다. 그는 "어지럽고 힘이 없어. 이제 하느님한테 가려나 보다. 여한은 없어." 하는 말에 힘이 없다.

어제와 오늘. 이웃 병상 어르신이 소리를 지르는 통에 그가 받은 스트레스의 영향은 컸다. 내색은 안 했지만 여러 번 찔러댄 주삿바늘로 받은 스트레스도 적지 않았을 성싶다. 이틀 사이에 그의 얼굴은 더 수척해지고 야위었다.

10일차

•

•

1월 31일

잠

어젯밤 10시 30분부터 새벽 1시 30분까지 그는 화장실에 세 번 갔다. 굵은 변을 조금 본 끝에 퍼진 설사와 두 번의 소변을 봤다. 그리곤 침상에서 계속 몸을 뒤척거렸다. 잠자리가 불편할까 봐 시트와 옷을 펴주는데 그가 낮게 말했다.

"내 몸이 힘들어서 그래…."

차라리 일어나 복도에 나가기로 했다. 나는 그를 부축해 휠체어에 앉혔다. 그리고 천천히 밀면서 복도를 반 바퀴쯤 돌 때 그는 토하고 말았다. 그의 몸은 천천히 나가는 휠체어 속도에도 멀미할 정도로 기력이 떨어졌다.

그는 밤새 잠을 못 잤다. 그런데 이른 아침 병실을 도는 간호사가 "잘 주무셨어요?"라고 물으니 방금 전 깜박 졸아서 정말 잘 잔 느낌이 든 건지 "잘 잤어."라고 대답했다.

계속 잠 때문에 힘든 상황일 때도 주로 아침 당직 간호사가 안부를 물으면 '잘 잤다'고 말했다. 그래서 내가 따로 간호사에게, 사실은 그가 밤에 잠을 못 잤다고 했더니 "환자의 말이 더 중요합니다."라는 말이 돌아왔다. 간병사의 말을 신뢰하지 않는 느낌이다. 답답한 마음이 들었다.

이웃 침상 어르신은 낮에도 갑자기 소리를 지르고 딸꾹질을 해댔다. 나는 점점 스트레스가 쌓였다. "힘드시죠?"라고 물으면 그는 "괜찮아…" 하면서도 고개는 끄덕인다. 그의 내공에 '이성적 인격이란 정말 저런 것이구나. 평정심을 유지하는 것, 품위를 지닌 인간을 만났구나.'라는 생각이 들었다.

잠시 조용한가 싶던 옆 침상 어르신이 별안간 다시 소리를 질렀다. 이번엔 그도 눈을 질끈 감았다. 귓속말로 내가 "옆에서 소리 지르니까 힘드시죠?"라고 걱정을 하니 다시 눈을 질끈 감으며 고개를 끄덕였다.

이젠 도저히 안 되겠는지 "독실이 있나 알아봐." 그가 나지막이 말했다. 간호사실에선 아직 1인실은 안 나왔으니 기다리는 동안 임시라도 다른 2인실로 옮길 것을 권유했다. 현재 다른 2인실에 입원한 환자는 조금 안정되었고 부부가 가톨릭 신자라고 전했다. 급한 대로 일단 가기로 했다. 침상째 그를 먼저 옮기고 하나하나씩 짐을 옮겼다. 새로 온 병실에서 그는 한잠 자고 난 뒤 "아휴…. 어제 고생했어…."라고 말했다.

가족

아래층 카페에 그의 아들 부부의 모습이 보였다. 미소로 나를 맞이한 며느리와는 처음에 몇 번 통화하고 직접 보긴 처음이다. 아들은 간호사가 보잔다는 말에 2층으로 올라갔고 우리는 서로 마주 앉았다.

그동안 그의 호스피스병원 생활 소식은 주로 아들에게 보냈다. 소식을 공유한 며느리와의 대화는 쉽게 이어갔다. 나는 그가 여기서 지낸 이야기를 했고, 며느리와의 대화에서 이곳, 호스피스로 오게 된 경위와 그의 배경을 좀 더 알게 됐다.

그는 이곳으로 오기 전까진 집에서 투병 생활을 했다. 얼마나 가족이 힘들었을까 짐작해본다. 게다가 부인은 평생 운영해온 약국 일에다 집에서 남편 병시중을 들기에는 여러 가지가 무리였을 테다. 하물며 평소 아무리 이뻐하며 잘 통하는 며느리라고 한들 분가한 며느리가 시아버지 신체 수발을 들기는 더욱 어려웠으리라. 생각할수록 노부인의 착잡한 마음이 충분히 헤아려진다. 이제 사별을 앞두고 호스피스병원에서 간병인 도움을 받으며 남편 간호를 하기엔 노부인 체력으로는 버거운 일임이 분명하다.

어쩌면 호스피스병원에 오기 전, 노인 장기요양 서비스를 받았으면 좀 더 효율적이지 않았을까 생각해보지만, 그가 방문 요양을 받은 것 같지는 않다. 여하튼 전문인의 도움을 받으며 병원이 아닌 집에서 임종을 맞이한다면 가장 좋았을지도 모른다. 하지만 노부부만 사는 집에서 나이든 부인이 방문요양보호사나 가정 호스피스, 방문 간호사 등 사회 시스템 정보를 알고 적절히 이용한다는 게 쉬운 일이었을까? 가족이 처한 상황에서 할 만큼은 해봤을 것으로 짐작한다. 전통사회와 달리 현대 사회에서는 국가와 지역공동체 도움 없이 가족들이 감당하기에는 어렵고 복잡한 문제가 많다. 아버지의 남은 시간을 집에서 함께하려고 했을 때를 떠올려보면 집마다 사정이 다르지만, 그의 가족들 역시 같은 입장이 아니었을까 싶었다.

내가 2층으로 올라갔을 때 중앙홀 의자에 앉은 부자가 일어났다. 아들은 바로 인사하고 집으로 돌아갔고 그는 병실로 들어가며 내게 물었다.

"우리 며느리와 예전부터 알았어요?"

"혹시 며느님과 함께 얘기하는 게 싫으세요?"

"아니, 좋아."

침상에 비스듬히 누운 그가 지갑을 찾았다. 내가 그의 옷가방 안쪽에서 지갑을 찾아 건넸다. 그가 지갑에서 삼대三代가 찍은 가족사진을 꺼내 보여줬다. 막내아들 결혼식 때 찍은 사진이다. 사진만 봐도 막내아들은 꽤 지식인으로 보였다. 그렇게 똑똑했던 막내와는 손주가 아기 때 사별했다. 그의 인생에 가장 아픈 상실이리라. 내가 사진을 보며 물었다.

"어느 며느님이 제일 예뻐요?"

"생김새야 둘째 며느리지."

"누가 제일 마음에 드세요?"

"다 똑같아."

그의 모습은 지금의 인상과는 매우 달랐다. 아담한 체구의 부인과는 다르게 몸체가 크고 머리숱도 지금보다 더 많은 미남형이었다.

"멋쟁이 할아버지세요. 그런데 지금이 가장 멋지세요."

병든 노인의 모습이 더 멋지다는 말에 그는 어이가 없는지 픽 웃었다.

"제 눈에는 그래요."

"그래도 죽잖아…."

나는 진심이었다. 정신과 몸에 많은 것을 채웠던 예전 모습보다 삶에서 욕망의 무거움이 빠져나간 빈 가벼움이랄까. 나의 엄마가 암투병했을 때와 같은 모습이다. 엄마는 항암치료로 머리카락이 다 빠진 민머리에 민소매 꽃무늬 원피스를 실내복으로 입었다. 그때 엄마의 모습은 상당히 인상적이었다. 군더더기 없는 엄마의 몸은 아름다웠다. 나는 그 뒷모습을 사진에 담았다.

내가 엄마와 그에게서 본 것은 죽음을 앞둔 자의 비워진 아름다움이었다.

그는 어젯밤부터 오늘 아침과 점심은 안 먹었다.

저녁 식사는 죽 세 숟가락, 갈치 네 젓가락, 마늘종 무침 한 젓가락, 청포묵 한 젓가락, 파슬리 한 젓가락, 총각무 한 젓가락 그리고 동치미 국물을 맛있게 먹었다.

11일차

2월 1일

간호사와 간병사의 불통

밤 11시. 야간담당 간호사가 간호사실 데스크에 있었다. 그녀는 주로 반대편 병실을 담당했는데 이날은 우리 쪽으로 바뀌었다. 일주일에 나흘 정도 주로 야간에만 근무해서 환자와 직접 소통할 일은 거의 없어 보였다. 환자의 상황은 대체로 인수인계 회의나 전자의무기록으로 파악한 듯했다. 그래서 데스크에 있는 간호사에게 다가가 그의 몸 상태를 말하려고 다가갔다.

"어르신이 어제는…."

그녀는 간병사가 무슨 말을 할건지 다 안다는 듯 요점만 말하라고 재촉했다.

"현재 상황만 말씀하세요."

"못 주무세요."

"낮에 주무시면 못 자요."

"어깨도 아파하세요."

"그럼, 마사지를 좀 해주세요."

말꼬리는 늘어졌지만, 단답형으로 대답하곤 말끝마다 눈웃음과 입꼬리를 올리는 표정이 말을 빨리 끝내고 싶은 눈치였다.

"알겠습니다."

더는 소통이 어렵겠다는 생각이 들어 말을 끝내고 병실로 돌아왔다.

그는 새벽 내내 최소 삼십 분 간격으로 깼다.

간호사는 환자 상태를 점검하러 병실에 들어왔다. 하지만 침상 쪽으로 다가와 살펴보지 않았다. 그저 멀찍이서 슬쩍 한번 보고 옆 침상 쪽으로 휙 지나갔다. 계속 잠들지 못한 그는 멀뚱히 눈을 뜨고 있다가 마침 눈만 감은 상태다. 간호사는 옆 침상에서도 마찬가지였다. 별달라질 게 없는 밤이라서일까? 또는 경험에서 나온 익숙함이었을까? 환자를 살피는 태도가 좀 안일하다는 생각이 들었다.

간호사는 새벽 5시에도 여전히 휙 지나가길래 나는 뒤쫓아가서 그가 밤새 못 잤다고 전했다. 그녀는 "아니, 내가 갈 때마다 주무시던데요?"라고 말했다. 역시 그가 잠을 잔 것으로 파악했다. 또 그렇게 환자 상태를 기록할 거고, 아침에 인수인계를 받은 간호사 역시 환자가 밤새 잘 잔 것으로 알 것이다. 그랬다. 그래서 아침에 간호사들은 기록과 다른 간병사의 말을 믿지 않은 거다. 의료진들은 기록뿐만 아니라 환자의 상태도 자세히 살펴볼 이유가 있는 셈이다.

마음에 걸렸는지 간호사는 아침 인수인계 전에 병실에 들러 그와 직접 대화를 하고 상황파악을 했다. 간호사가 안부를 묻자 그가 말했다.

"잠을 잠깐 자는데 자주 깨고 힘들어…."

"낮엔 앉아 있거나 산책하세요. 밤에 푹 주무실 수 있게 해달라고 의사 선생님에게 말씀하세요." 최대한 상냥한 말투다. 그리고는 내게 아리송한 말을 했다.

"밤 열한 시에 (잠을 못 잔다고) 말한 건 밤이어서 (수면제 처방이) 안 되고요, 새벽 다섯 시에 (잠을 못 잔다고) 말한 건 이미 날이 샜기 때문에 약 처방을 할 수 없어요."

간호사는 내가 말한 시각이, 밤 11시든 새벽 5시든 환자가 잠을 못 잔다고 말해봐야 약을 처방하지 못한다는 말이다. '왜 이런 말을 하나?' 의아했는데, 전에 첫 번째 어르신을 모실 때 그녀가 했던 이야기가 떠올랐다. "한밤중에 환자가 잠을 못 잔다고 상태를 말하면 수면 주사를 놔주는데요(의사 처방이 있는 경우), 사실 환자가 잠을 설칠 때 조금 다독여 주면 다시 잠들기도 하거든요. 그런데 자신들도(간병사) 잠을 못 자니까 바로바로 와서 얘기하는 간병사들이 간혹 있어요."

간호사들이 간병사를 신뢰하지 못하는 이유였다. 참으로 안타까운 일이다. 간병사의 직업윤리는 환자에게 큰 영향을 미친다. 돈벌이 수단으로만 생각하면 환자를 인격적으로 대하기 어렵다. 희생과 봉사 정신이 없다면 환자의 고통에 둔감해질 가능성이 크다. 환자가 믿고 안정된 돌봄을 받기 위해선 간병사의 자질을 엄격히 검토하고 관리할 체계가 필요하다는 생각이 들었다. 또한 간병사나 요양보호사가 자기 일에 소명과 책임의식을 높이도록 사회적 인식의 변화도 필요하다. 더불어 처우 개선도 절실하다. 갈 길이 멀지만 해야 할 일이다. 왜냐하면, 우리 모두 생애 말기에 가서는 타인의 돌봄을 받아야 하지 않는가. 남의 일이 아니었다.

이른 아침 7시. 그의 머리를 헹굼이 필요 없는 환자용 샴푸로 감겨주었다.

아침에 복용하는 약은 기본 약에 설사약이 나왔다. 간호사는 설사약을 발견하곤 "왜 나왔지? 드신 것도 없는데? 가져갈게요."라며 되가져갔다.

오전 10시 30분. 담당 의사는 주말에 몇 차례 실수한 영양주사 건을 보고받았는지 회진을 돌 때 말했다.

"고생하셨어요. 죄송합니다. 지내시긴 어떠세요?"

"잠을 못 자니까. 옆이 시끄러워서."

"네. 복수는 조금 있긴 하지만 좀 더 있어 보겠습니다."

의료진을 상대로 한 소송 통계를 보면 의료진의 불충분한 설명과 태도 문제가 컸다고 한다.

현대 사회는 고객 만족을 위해 온갖 노력을 기울인다. 인터넷을 통한 비교 평가는 실시간으로 개방되어 있다. 생산성이 높고 인터넷 활용이 원활한 젊은이들의 목소리에는 귀를 기울이고 민첩하게 적용한다. 하지만 노인에게는 그만큼 노력하지 않는다. 왜 이런 일이 일어날까?

의사는 환자에게 최소한 사과부터 했다. 다행이다. 하지만 그의 '주삿바늘 수난'은 끝이 아니었다.

12일차

∶

2월 2일

기다렸어

나는 어제 낮 12시부터 24시간 동안 휴무였다.

그의 큰아들이 교대하러 오자 그는 "아들에게 인수인계 잘해."라고 당부했다. '인수인계'라는 사무적인 단어에 웃음이 나왔다. 큰아들에게 해야 할 일을 세세히 전달하면서 "아버님이 발마사지를 좋아하세요." 오일과 로션을 가리키며 힘주어 말했다. 안 하던 것을 하려면 쑥스럽겠지만 부자간의 특별한 시간을 갖길 바라는 마음이었다.

내가 대학원 장학금을 받기 위해 오후에 면접 간다는 것을 안 그는 "춥지 않게 입고 가. 면접 잘하고. 기도할게."라는 따뜻한 말로 배웅해줬다. 마치 내 아버지의 마음을 받는 느낌이다.

면접에 앞서 집에 들른 나는 생각이 바뀌었다. 아무래도 이번 학기엔 휴학하는 것이 좋겠다고 결정을 내렸다. 면접 시간이 비자 나는 오랜만에 좀 쉬었다. 이튿날 그가 기다린다는 생각에 예정보다 한 시간 빨리 갔다. 제주도 지인이 보낸 천혜향을 싸

들고서.

침상에 누워있는 그에게 다가갔더니 그가 나지막이 말한다.
"안 오는 줄 알았어."
"안 오긴요. 약속했잖아요."
"아들놈 가라고 해."

잠시 후, 약 기운이 퍼지면서 비몽사몽 중에 그가 다시 말했다.
"기다렸어…. 리듬이 깨졌어. 아들 불편해."
"아드님이 좀 주물러 줬어요?"
"응. 주물러 줬어."
"아드님과 함께 있는 시간도 필요해요."라는 말에 그가 고개를 끄덕였다.

단조로운 병원 생활이지만 그동안 일상의 리듬이 생긴 모양이다. 큰아들도 하룻밤새 눈두덩 위로 짙은 쌍꺼풀이 생겼다. 아들도 고생이 많았을 테다. "아버님이 밤새 잘 주무셨나요?"라는 내 물음에 "네, 새벽 한 시 반부터 다섯 시까지 주무셨어요."라고 큰아들은 말했다. 다행히 그가 좀 잤나 보다 생각했다. 만약 밤새 못 잤다면 아들의 증언은 간호사가 아무래도 믿기 쉬웠을 테니까. 하지만 나중에 알고 보니 이날도 그는 잠을 못 잤다.

밤사이 세 시간 반 동안 깜박 잠든 아들을 그는 차마 깨우지 못
했다.

저녁 시간. 일상으로 돌아왔다. 뜨거운 물수건으로 그의 얼굴
을 감쌌다. 이어서 순서대로 발마사지를 하고 역시 뜨거운 물수
건으로 발을 감쌌다. 그의 얼굴에 로션을 바르며 마무리하는 내
게 그가 말한다.

"계속 있을 수 있대?"

"네?"

"환자가."

그는 자신을 제삼자로 지칭했다.

"네. 근데 왜요?"

"나 죽기 전에 유 여사 잘릴까 봐."

그의 뜬금없는 말은 맥락이 없었지만, 자신이 죽을 때까지 함
께해줬으면 좋겠다는 뜻인 줄 알았다. 그래서 나를 어떤 마음으
로 기다렸을지 생각했다. 어쩌면 며칠 동안 일어난 일로 마음 한
켠의 불안감을 표현한 것은 아닐까 싶기도 하다.

수면제

오전 회진 때 의사는 말했다.

"기력을 회복하는 것에 초점을 두기보다는 편안하게 지내시는 데 초점을 맞추겠습니다."

그는 아무 말 없이 고개를 끄덕인다. 호스피스에서는 환자가 통증 때문에 삶의 질이 떨어지지 않도록 최대한 편안함에 초점을 맞춰 돌봄을 제공한다. 그런 의미에서 그는 의사의 말을 듣고 수긍했다.

그는 점심을 맛있게 많이 먹었다. 호박죽 사분의 일, 동치미 국물 건더기, 고구마 맛탕 하나, 갓김치 한 젓가락. 한 젓가락이란 잘게 자른 이파리 하나 정도를 말한다. 총각무 한 젓가락, 배추김치 한 젓가락, 누룽지는 한 그릇 다 먹었다. 그리고 한라봉 두 쪽을 먹었다.

저녁은 죽 사분의 일, 동치미 국물 건더기, 감자와 당근 조림 한 젓가락씩, 총각무 두 젓가락, 갓김치 한 젓가락, 내가 가져온 천혜향은 두 쪽 반이나 먹었고 떡은 손톱 크기만큼 먹었다.

입맛 돋우는 약을 먹어서인지 황 교장이 틈나는 대로 가져다 주는 입맛에 맞는 반찬 덕분인지 오늘 식사는 대체로 많이 먹은 편이다.

그리고 수면제를 먹었다. "잠자는 게 힘드시면 잠 좀 주무시게 해드릴까요?"라는 간호사의 물음에 그가 "그렇게 해달라"고 해서 시작된 약이다. 의료진은 잠을 자게 '수면제'를 주겠다는 약 처방명을 정확하게 말하지 않았다. 그 또한 잠을 자기 위해서 '수면제라도 먹겠다'라고 표현하지 않았다. 이것이 왜 중요하냐면 나중에 의료진이 그에게 '소변줄'을 연결하는 문제에서도 에둘러 말해서 그가 큰 혼란을 겪었기 때문이다. 그에겐 정확한 약 처방명과 그 후에 나타날 몸의 증상도 알려줄 필요가 있었다.

13일차

·
·

2월 3일

2인실에서 1인실로 이사하다

밤새, 그는 한 시간 간격으로 여섯 번을 깼다. 여섯 번 중에 네 번은 물을 찾았는데 빨대를 못 빨았다. 두 번은 소변이 마려워 잠을 깼다. 수면제 때문에 동공은 완전히 풀렸다. 걸음조차 걷기 힘들었다. 내가 겨우 끌어안다시피 해서 그를 변기에 앉혔다.

밤사이 이웃 환자의 부인은 병실을 수시로 왔다 갔다 한다. 그때마다 불을 켰다, 껐다. 화장실에서 머리를 감고 빨래를 하며 물을 붓거나 덜커덕대는 세숫대야 소리가 났다. 문밖에서 통화 소리도 길게 들렸다. 아무튼, 부산스러웠다.

급기야 나는 2인실에 있는 것이 너무 힘들었다. 나중에 입원한다면 꼭 1인실을 사용할 비용만큼은 마련해둬야겠다는 생각이 들 정도다. 환자 한 사람만 돌보는 데 그치지 않고 옆 환자와 그 보호자의 움직임에 소리까지 두 배 이상 신경을 곤두세웠다. 거꾸로 저쪽의 소리가 신경 쓰이는 만큼 내 쪽에서도 조심해야 했다. 그가 한 시간마다 깬 그 사이에도 쉴 틈이 없었다. 몇 배의 피로감이 밀려왔다.

새벽 4시에 그가 일어나 앉겠다고 한다. 그도 분위기를 감지했는지 "어수선해요. 나 때문에 그래요?"라고 염려했다.

날이 밝았다. 저번 병실처럼 괴성은 없어 마음이 조금 누그러졌는지 "이대로 2인실에 있는 것도 괜찮지 않을까?" 그는 생각을 비쳤다. 나는 그의 말이 떨어지기가 무섭게 "저는 1인실로 갔으면 좋겠어요."라고 말했다. 그는 바로 "알겠어."라면서 내 의사를 존중했다. 그렇게 우여곡절 끝에 202호 1인실 자리가 났다는 반가운 소식이 들렸다.

202호실

아침 9시 30분. 이삿짐을 옮기기 시작했다. 여러 번 짐을 쌌다 풀었다 했지만, 1인실로 간다는 생각에 불만 없이 바삐 움직였다.

202호실 문을 열자 1인 병실의 정경이 한눈에 들어온다. 벽에 부착된 티브이 아래로 작은 원탁과 의자가 놓였다. 티브이는 화면으로 보이는 미사 시간 동안만 틀었다. 그리고 이동식 탁자와 소형 냉장고를 지나 창문 가득 펼쳐진 나무 풍경이 보인다. 한 뼘쯤 되는 창틀 턱엔 수시로 쓰는 그의 물품과 내 소지품인 몇 권의 책, 태블릿과 보온병 그리고 성경책을 얹은 독서대를 놓았다. 벽면 아래 긴 의자 옆으로 환자 병상이 자리했다. 병상을 둘러친 가림막 커튼을 사이에 두고 붙박이장처럼 보호자 침상이 왼쪽 벽에 부착됐다. 리모컨을 작동해 아래로 펼치기 전까진 공간을 넓게 사용했다. 나머지 벽을 채운 붙박이장에는 그의 물건을 가지런히 정리해 넣었다. 그리고 화장실까지. 한 바퀴 주욱 둘러 본 눈길은 다시 출입문에 닿았다.

이곳에서 그는 언제 끝날지 모를 마지막 시간을 보냈다.

너무너무 나를 사랑했어

병실을 옮기는 데 어느새 이력이 났나 보다. 새로 이사온 1인실에 금세 적응한 분위기다.

저녁 무렵, 한갓진 시간이다. 언젠가 들은, 가장 인기 많은 시절이 자신에겐 가장 좋았을 시절일 거라는 얘기가 떠올라 재미삼아 그에게 물었다.

"아버님, 가장 인기 많았던 때가 언제셨어요?"

"군대 갔다 와서 여고로 발령받아 간, 총각 선생님이던 때가 가장 인기 좋았지."

그는 이어 말했다.

"동료 선생님들까지 좋아해서 이러다간 죽겠다 싶은지 남학교로 보냈어. 거기서 평생 동반자를 만났지."

"그럼 연애하신 거예요?"

"중매 반, 연애 반이지."

그는 상사의 뜻으로 옮겨간 학교에서 동료 교사인 아내를 만났으니 중매이면서 연애라고 말했다.

"집사람이 너무너무 나를 사랑했어."

"보고 싶지 않으세요?"

"보고 싶지."

"그러면 오시라고 할까요?"

"자기가 알아서 와야지."

가까운 사람과도 거리 유지가 필요함을 알아서일까. 관계를 맺는 데 서두르는 법이 없다. 병실에 다녀간 의사, 간호사, 사제, 수도자, 사회복지사 등 사람들과 대면하는 모습에서 알았다. 그동안 내색은 안 했지만 '부인이 오길 기다렸구나' 속으로 생각하는데 그가 이어 말했다.

"여자들이 좋아했어. 바람은 안 폈어."

그가 손주들 자랑하며 태블릿에 저장된 사진첩을 보여줬을 때, 그의 작품 앞에서 사람들과 찍은 기념사진을 봤다. 주변 여성들이 꽤 우아해 보였다. 예술을 즐길 줄 알았고 술 좋아하고 사람과의 소통을 좋아한 그를, 성별을 떠나 사람들은 싫어할 리 없을 것 같다.

그의 부인은 재력 있는 집안의 전문직 여성이다. 그가 "처가로부터 처음과 달리 인정받았을 때 너무 기뻤다"고 하는 말을 나중에 그의 작은아들에게서 들었다.

저녁에 그는 컨디션이 좋은지 이런저런 이야기를 많이 했다.

"며느리 잘 얻어서 잘 살아라."

"네."

"구십 퍼센트 양보하고 살아. 아니, 다 양보해."

"아, 네."

"자기 인생을 사는 거야."

귀담아듣는 나를 가만히 보더니 이어 말했다.

"묘한 인연이다. 먼 훗날, 글 써."

경험으로 얻은 노인의 지혜. 나는 시부모님이 일찍 돌아가셨기에 며느리의 삶을 산 적이 없다. 그는 내가 미처 생각지 못한 나의 삶을 생각하고 지혜를 들려줬다. 새로운 가족은 큰 변화와 영향이 클 것이기에 중요하다. '결혼은 인륜지대사'라는 말은 시대가 변해도 변하지 않는 사실이다.

자식이 가정을 이뤄 독립했을 때 내가 할 일은 '양보'하는 마음과 자식에게 얽매이지 않고 한 인격체로서 인생을 사는 것임을 그의 말에서 되새긴다. 이런 이야기까지 나누면서 그는 짧지만 나를 한 인격의 인연으로 받아들였다. 그랬기에 함께 보낸 지금 시간을 기록에 남겨도 좋다고 말했을 테다.

우거지탕 같다

그가 화장실 다녀와서 병상 옆에 펼쳐진 보호자 침상을 보더니 "편해 보인다. 내가 거기서 잘 거야."라고 말했다. 그러고 보면 섬망 전조증상을 보인 건 이때부터다. 보호자 침상은 크기도 환자 것보다 넓고 난간이 없었기에 더 편해 보였나 보다. 그래서 그가 농담 반, 진담 반으로 말한다고 생각했다. 나는 "보호자 침상은 난간이 없어 위험해서 안 돼요."라고 말했다. 그는 난간이 둘린 침대 안에 누운 느낌을 "우거지탕 같다"고 표현했다. 우거지탕 같은 느낌은 어떤 것일까? 난간으로 둘러싸인 병상은 우거지탕이 끓는 솥이고, 자신의 몸은 뒤척임 하나에도 자유롭지 못한 솥 안에서 흐느적대는 시래기인가? 병상을 벗어나고 싶다는 그의 말은 진담이었다.

평생 배움과 가르침이 있는 학교에서 살아서일까? 그는 사람의 말을 잘 듣는다. 의사든 간호사든 내 말에도 잘 따라줬다. 그에게 "밤에는 소변보러 화장실 갈 때 비몽사몽 중이라 넘어질

지경이니 소변통에 봐야 해요."라고 말했더니 그는 "알았다."고
했다. 그리고 정말 밤이 되자 내가 대준 소변통에 처음으로 소변
을 봤다.

원 상태로 해주세요!

아침, 점심은 잘 먹었고 저녁도 잘 먹은 편이다. 한 젓가락 양이라고 해봐야 잘게 자른 조각 하나 집는 수준이지만 골고루 먹었다. 후식으로 한라봉 이분의 일쪽과 내가 가져온 천혜향 한쪽도 빠뜨리지 않았다. 천혜향은 나도 한쪽씩 먹었는데 정말 달콤하고 기막히게 맛있다.

저녁 8시에 그는 진통제와 수면제를 먹었다. 그러고 나서 한 시간가량 잤는데 작은 소리에 깨더니 "잘 잤다."라고 말했다. 그리고 대뜸 "병원 지저분하게 해서 우리, 나가래?"라고 묻는다. 아니라고 대답은 했지만 무슨 말인지 영문을 몰랐다. 병실은 지저분할 거리가 없었고 단지 창틀에 놓인 내 소지품을 어지럽게 느꼈는지 모를 일이지만 더는 묻지 않았다.

밤 10시 45분. 소변 50cc를 보고 한 시간 뒤 다시 소변을 100cc를 봤다. 그런데 이때부터 확실히 이상한 말을 했다.

"원 상태로 해주세요."

"네?"

"변화가 있어. 입원했을 때와 달라."

"네, 2인실에 있었다가 아침에 1인실로 왔어요."

병실을 옮기고 나서 잘 적응한 줄 알았는데 그렇지 못한 모양이다. 처음엔 그가 2인실로 되돌아가고 싶다는 줄 알았다. 그가 간접등을 환하게 켜라고 했다.

다시 잠들은 그가 한 시간 뒤에 깨서는 일어나 앉았다. 한 번도 배고프다고 말한 적이 없던 그가 배고프다며 식당이 있냐고 묻는다. 그래서 쿠키를 줬더니 받아먹었다.

14일차

·

·

2월 4일

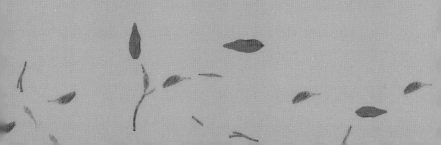

섬망

새벽 1시 30분이다. 잠든 지 한 시간 만에 깬 그가 이상한 말을 했다.

"창자가 어떻게 생겼지? 무엇이 있어? 궁금해서."

순간, 나는 섬뜩했다. 말하면서 치아를 드러낸 억지스러운 미소가 괴상해 보여 더 그랬다.

"여덟 시 십 분 전이네?" 시계를 보며 그가 다시 말한다. 1시 40분을 가리킨 시침과 분침을 요상하게 읽었다. 시곗바늘을 떠올리며 그가 어떤 식으로 사물을 봤는지 상상해본다. 그가 엉뚱한 말을 계속했다.

"아드님이 착해?"

"네? 네…."

이때쯤엔 그가 분명히 섬망譫妄 상태인 것을 눈치챘다. 섬망이란 바깥세계에 대한 의식이 흐려지면서 착각과 망상을 일으켜 헛소리하는 것인데, 그가 수면제를 먹은 후 나타난 부작용이다. 나는 바짝 정신을 차리고 맞장구를 쳤다. 섬망 상태에서 그는 평소 그답지 않게 횡설수설했지만, 무의식을 드러내기도 했다. 그가 뜬금없이 떠오른 대로 질문한다.

"여기가 어느 회사야? 고향이 어디세요?"

"경기도에 살아요."

"새집에 사네."

"네…."

그의 질문과 상관없이 나는 내가 사는 곳을 대답했다. 내 대답에 맞춰 대화를 이어가다가도 그는 불쑥 무의식에서 올라오는 말을 했다.

"중심이 어디야? 중심이 어디냐고!"

뭔가 흐름이 바뀐 내용이다. 그가 웃으며 이어 말한다.

"사업 크게 벌렸어. 요즘은 전산 처리가 잘되니까. 투자해서 회수하기까지가 시간이 걸려요."

새벽 2시쯤. 잠시 감았던 눈을 뜨더니 먹을거리를 찾았다. 내가 한라봉 세 쪽을 주니까 다 먹고는 다시 '회사' 이야기로 돌아갔다. 그만큼 그에게 중요한 주제다.

"이쪽에 해놓고 있죠? 회사. 지금 하고 있을 것 하나고. 언제나 물속에 집어넣지 않을 거 아냐. 하나는 꺼내서 팔아야. 거기서 주로 나오는 것은 뭐예요? 회사하고 있잖아요?"

내가 대답을 찾는 중에 그가 답답한 듯 다음 말을 이었다.

"그럼 뭐해요?"

"간병하고 있어요."

"기르는 곳 한 군데 있을 것 아니에요."

다시 회사 이야기로 돌아왔다. 그의 무의식 속에 자리한 그 회사는 무엇일까? 내가 섬망 상태에 든 사람을 세세하게 본 건 처음이다.

새벽 3시 30분. 소변 80cc를 본 그는 자신의 침상에 걸터앉았다. 내가 리모컨을 작동해 아래로 내려진 그의 침상을 위로 올렸더니 그는 붕 뜬 느낌이 드는지 그때부터 비행기로 착각한 것 같다.

"몇 명이 타? 다시는 안 타."

그가 생각한 비행기는 즐거운 여행이 아니라 재난 상태에 이른 답답한 비행기 안이다. 그것은 그가 병원 침상을 답답하게 느낀 무의식 때문이라고 나는 생각했다.

4시 5분. 다시 그가 눈을 떴다.

"비행기 오늘 안 떴어요?"

"네. 여기는 병원이에요."

나는 그와 장단을 맞추면서도 현실을 알렸다. 하지만 그는 여전히 자신의 무의식에 머물렀다.

"일어나는 방법 있어요? 비행기 떴나 보게. 비행기가 가동 안 하면 어떻게 해?"

그는 내가 못 알아듣는 것 같아 답답해하며 계속 말했다.

"비행기가 이동할 거 아니야. 여기 비행기에서 밖으로 나가려면 내려야. 목적 편이 있을 거 아니야. 아니면 SOS."

그는 아무래도 구조요청을 해야겠다는 생각이 들었나 보다. 핸드폰을 달라고 해서 줬더니 막상 사용방법을 몰랐다. 멍하니 들여다만 볼 뿐 열지 못했다. 아무래도 안 되겠는지 둘째 아들에게 전화하라며 내게 핸드폰을 건넨다. 나는 그의 둘째 아들에게 전화했다. 마침 전화를 받지 않아 "안 받아요."라고 말했더니 그가 고개를 끄덕이며 바로 수긍한다. 다음엔 큰아들에게 하라고 했다. 바로 수긍하는 모습에 이번엔 거짓말로 전화 안 받는다고 말했다. 그가 인상을 찌푸렸다. 역시 이런 경우는 거짓말보다 사실대로 말해야 순조롭다. 나는 바로 생각을 바꿨다. 큰아들에게 전화했다. 이번엔 바로 전화를 받았다. 짧게 상황을 말했는데도 다행히 빨리 알아들었다. 내게서 전화기를 건네받은 그가 말했다.

"불편한 거 많지. 물도 그렇고. 물 부어놔. 물 떨어지면 큰일이니까. 조치를 취해라!"

아들에게 지시 내리고 전화를 끊은 그가 불현듯 침대 난간을 가리키며 말한다.

"왜 이 비행기에 뛰어들었지?"

4시 35분. 눈을 감은 듯하던 그가 이내 다시 눈을 떴다. 그리곤 펼친 보호자 침대를 가리키며 "올려."라고 지시한다. 나는 이부자리를 개고 리모컨을 눌러 묵직한 침대가 올라가는 것을 바라봤다. 그가 다시 내게 명령을 내렸다.

"문 열어라."

"네, 알겠습니다!" 나는 그가 시키는 대로 병실 문을 열었다.

"핸드폰, 지갑, 카드도 없이 여기 남아 있다. 본부에 연락해. 카드를 가지고 있는 사람이 없다. 검사 결과가 없습니다. 누구든지 한 사람은 알고 있을 거 아니야."

나는 그의 지시에 따라 알아보겠다며 문밖으로 나가 복도에서 이리저리 살피는 시늉을 하고 되돌아왔다. 그리곤 제법 실감나게 목소리에 힘을 줘서 말했다.

"보고했습니다!"

그는 다시 큰아들에게 구조 요청하기 위해 전화했다.

"언제 오냐? 현관문은 닫혔다. 아이들은 다 어디 있냐?"

전화선 너머 들려오는 아들의 말에 그가 되묻더니 대답한다.

"언제 오냐? 알았다."

전화를 끊고는 내게 말했다.

"차근히 잠자래. 기다리래."

무의식 속에서 그는 무척 큰아들을 신뢰했고 순응하는 사람이다. 아들의 말대로 자려고 다시 내려놓은 보호자 침상으로 그가 몸을 기울였다. 안 된다고 했더니 자신의 병상에 몸을 눕혔다. 이불을 다독여 주자 잠을 청하려다 말고 걱정스러운 듯 말한다.

"우리 식구, 잘 있어?"

"네."

"희생당한 사람 없지?"

"네, 한 사람도 없어요."

"제일 중요한 것, 희생당한 사람 없어야!"

나를 가리키며 이어 말했다.

"맨 처음에 아버지. 다 됐다! 막대기 하나라도 쥐고 나온 사람들. 우리 아버지. 됐어!"

그가 학교장으로서나 가장으로서 안전의 중요성을 얼마나 염려했는지 알 수 있는 대목이다. 자신의 가족 이야기를 이어갔다.

"승윤이 일 없냐구. 부셉이. 승윤이 사촌형. 우리 아들 홍 사장 오라고 해줘."

그가 마음속에 둔 사람들이었을까? 여러 사람 이름을 부르더니 큰아들을 찾았다. 그만큼 큰아들이 그에게 차지한 비중은 큰 모양이다.

"보호장비 싸. 삼촌한테 어떻게 할 것이냐 물어보고. 대답이 나올 거야. 장비 당분간 삼촌한테 보관하겠습니다. 그래, 주신 비행기를 어떻게 하면 좋겠습니까? 나머지는 삼촌 뜻대로 하겠습니다. 나는 욕심이 하나도 없으니까, 세상만사. 직함은 어떻게 간수하겠습니까?"

잠깐 현실로 돌아온 그가 나를 알아봤다.

"자네랑 나랑 무슨 인연이지. 나는 아무 욕심 없으니까."

그가 조금씩 현실로 돌아오는 것 같아 물었다.

"꿈꾼 것 같아요?"

"응."

"사랑합니다. 감사합니다."

나는 섬망으로 드러난 그의 어른으로서 보인 책임감에 울컥해, 불현듯 감사한 마음을 표현했다. 그는 지그시 눈을 감고 고개를 끄덕이며 말한다.

"모르지 세상이 어떻게 변할지. 희한한 꿈도 꿨어. 대권을 준다. 자네하고 나한테. 병원도 주고. 누군지도 모르는." 그는 다시 섬망 상태로 돌아갔다.

"내 열쇠 가지고 오라고 해. 내 열쇠니까, 내가 가지고 있어야지. 간수가 좋아하는 신임한 사람은 나. 이제 정리가 돼간다. 이제 우리 집안일 봐야지. 나는 아무 욕심 없습니다. 다만, 시키는 대로만 합니다. 하느님 곁에 곱게 돌아갔으면 좋겠습니다."

그는 주변의 자극에 따라 연상된 주제어를 말했고, 무의식에서 깊은 속내를 드러냈다. 그는 정말 하느님 곁에 곱게 돌아가고 싶은 것이다.

"희생제물 모든 사람이 그랬으면 좋겠어. 그러면 또 나라가 안 된단 말이야. 당분간 먹고 힘내야지. 사람이 늙어서는 용인에 가서 살고. 죽어서는 용인에 가서 살아라."

창문 밖을 보고, 손을 휘저으며 말했다.

"여기가 명당자리야."

또 다른 주제로 넘어갔다.

"잘하겠지, 모두. 법이 단단하니까. 할 이야기는 많은데, 모든 것은 선생님 뜻대로 하십시오."

그가 평소 세상 돌아가는 일에 관심을 두고, 뉴스를 봤던 모습이 떠올랐다.

섬망 상태에서 차츰 돌아와 제정신으로 말하는가 하면, 다시 얕은 섬망 속으로 빠져 말하기도 했다.

"한 열흘간 일하다, 죽었으면 좋겠다."

그의 솔직한 심정이 가장 잘 드러난 말이다. 그는 두 번 다시 돌아가지 못하지만, 딱 한 번일지라도 예전처럼 건강한 열정으로 살아보고픈 실낱같은 희망을 품었다. 88세, 당장 죽어도 이상할 것 없는 사람이 아니라 그는 죽음 문턱에서도 끝까지 존중받아야 할 가치 있는 생명을 지닌 한 인간이다.

"관장님이 관에 갇혀 있었다고. 나 관장님. 이사 간 사람들, 관장 후보자들. 관장이 시간표를 잃어버려서 일을 못 봤고 대변을 못 봤어. 오케이, 하느님은 아시겠지. 관장 열쇠가 없어져 버렸어. 이름 없는 사람은 힘이 없다고."

그는 변을 관장하겠다는 간호사의 말에, '관장'이란 단어를 '관장님'과 '관'으로 연상하면서 혼란 속을 헤맸다. 그러면서도 의미 있는 말을 내뱉었다. 나는 그것을 놓치지 않았다. 그의 말 끝에 나온 말 "이름 없는 사람은 힘이 없다고."라는 말을 건져 잠시 생각에 잠겼다.

몇 년 전, 나는 차비와 재료비조차 없을 정도로 궁색해서 어린아이를 도우러 가는 발걸음이 무거웠다. 봉사도 돈과 시간의 여유가 있어야 가능할 사치라는 것에 괴리감이 들었다. 그의 말처럼 이름 없는 사람은 힘이 없고, 그렇다면 남을 도울 길도 막막한 세상이다. 그래도 나는 힘겹지만 '선'에 가까운 일을 선택하며 살아남았다. 이것은 죽음을 생각하고 시간의 한계를 지닌 나를 자각했기에 가능한 일이다. 삶에서 무엇보다 의미와 가치가 중요했다.

돌아온 현실

의사가 그에게 '잘 잤냐?'고 해도 "네." 그리고 '괜찮냐?'고 해도 "네."라고 대답했다. 의사가 다시 내게 그의 상태를 물었다. 의사에게 전하는 내 말을 듣던 그가 "문제없어."라고 말했다. 섬망에서 빠져나온 평소 그의 말투였다. 의사가 가고 난 후 내가 말했다.

"아프면 말씀하세요."

"Of course"

눈을 감은 채 대답한 그는 이어서 "선생님을 믿어."라고 자신에게 다짐하듯 중얼거렸다. 그는 의사를 믿고 버텼다.

잠시 후, 간호사가 그의 항문에 약을 밀어 넣고 얼마 지나지 않아 관장 효과가 나타났다. 그는 힘겨운 신음을 냈다. 짧게 반복했던 "어-이" 소리는 점점 "어—이"로 길고 크게 바뀌었다. 아기를 낳을 때 내는 진통 소리에 버금갔다. 나중에는 "어—이, 다시는 안 해…"라며 고통을 관장 안 하겠다는 말로 호소했다. 대변이 나올 낌새를 느끼자 내 부축을 받으며 침상 옆에 둔 이동식 변기에 얼른 앉았다. 이내 까만색 똥 세 덩이를 누곤 "시원하다!"라고 말했다. 내가 묵묵히 이동식 변기를 꺼내 화장실에 버리고 뒤처리하는 모습을 바라본 그가 말한다.

"천국 가겠다. 이렇게 도와주니."

"네, 저와 함께 잘해 봐요. 끝까지."

"끝까지."

그는 시원하게 변을 보고 나서 잠시 잠들었다. 병실에 들어온 청소 도우미의 기척에 잠이 깬 그가 말했다. 부인에게 전화걸어 관장한 약값을 가져오라고 전하란다. 진심인 것 같은 그의 말에 알겠다고 대답했다. 그리고 오전 회진 때 그가 의사에게 잘잤다고 한 이야기를 꺼냈다.

"아버님, 잠을 못 주무셔서 어떻게 해요? 피곤하시죠?"

"응." 고개를 끄덕끄덕인다.

"그런데 아까는 왜 잘 주무셨다고 하셨어요?"

"그냥, 나쁜 얘기할 필요는 없잖아."라며 피식 웃는다.

"아, 그러셨군요. 그런데 다른 사람한테는 나쁜 얘기할 필요 없지만, 의사 선생님한테는 정확히 말씀하셔야 해요. 그래야 정확히 진단하시죠. 그래야 도움 주시고요."

그는 고개를 끄덕여 수긍한다.

"좋은 집 놔두고, 고생한다."

"그렇지 않아요."

"하긴, 여기도 집이니까."

"아버님은요?"

그가 호스피스병원 생활을 어떻게 느끼는지 궁금했다.

"좋을 때도 있고 그렇지 않을 때도 있지."

낮 12시쯤. 그는 딱 18분을 잤다. 속을 비우고 입맛 돋우는 약을 먹은 덕에 그는 간식으로 초코파이 두 점, 한라봉 두 쪽과 점심을 이것저것 먹었다. 그리고 휠체어를 타고 2층 복도뿐만 아니라 아래층 로비까지 산책갔다. 테라스 쪽의 정원이 보였다. 내친김에 바람도 쐴 겸 잠시 나가겠냐고 물었더니 그는 내켜 하지 않았다.

애덕으로 하느님께 가야겠어!

그의 몸은 침상에서 휠체어로 옮겨 앉는 것도 힘겨워서 나의 도움을 받았다. 그는 죽음이 다가왔다고 생각하는 듯했다. 티브이로 본 미사 강론에서 '애덕愛德'이란 말이 나왔다. 그는 다짐하듯 "애덕으로 하느님께 가야겠어! 그동안 수고했어요!"라고 힘주어 말하고는 황혼 일기장을 달라고 한다.

내가 간이 탁자를 끌어 그 앞에 놓고 황혼 일기장을 펼쳐 주었다. 그는 베개에 기대어 앉아 빈 페이지를 한참 바라본다. 생각을 글로 쓰려는데 쓰질 못한다. 끊어지는 생각을 겨우 이어 글로 쓰려면 그 글자가 좀처럼 생각나지 않는 듯하다. 몇 글자 쓰다 멈추고, 다음 장을 넘겨 다시 시도했다. 그렇게 몇 장을 넘긴 후에야 겨우 메마른 글씨체로 완성했다. '년'자는 빠트린 채.

성령으로 하느님
나라 성령의 나라가

함께 하시길 비나이다.

2021 2월 4일

도미니코

"큰아들에게 보내."라고 말했다. 나는 기도문이 된 유언을 사진으로 찍어 큰아들에게 전송했다. 그는 할 일을 다 마친 듯 누구에게라고 할 것 없이 "잘 살다, 잘 죽습니다."라고 말한다. 그리고 "고향이 어딘지 알지?"라며 자신의 고향 주소를 내게 알렸다.

오후. 잠시 병실에 들른 의사가 잠든 그를 살폈다. 기척을 느낀 그가 옆으로 누운 채 의사는 쳐다보지도 않고 "선생님, 저 아직 안 죽었어요."라고 말했다. 마치 의사가 자신의 생존 여부를 확인하러 온 것인 양 퉁명스러운 말투다. 나는 그의 말뜻을 의사에게 알리기 위해 살며시 그가 쓴 글을 내밀었다. 하지만 의사는 그 내용이 유언이라는 것을 알아채지 못했다. 그저 "네, 기도 많이 하세요."라고 말하곤 서둘러 나갔다.

나는 죽음의 문턱을 이제 넘으려는 사람에게 배웅 인사를 하고 싶은 마음이 강하게 들었다. 내가 "애덕으로 하느님께 가시니 저를 한번 꼬옥 안아주세요."라며 바로 누운 그에게 허리를 굽혔다. 그의 가느다란 두 팔은 허공을 감싸듯 내 어깨를 둘렀지만 나는 세상 따뜻한 마음의 온기를 느꼈다. 죽어가는 사람에 게서 더할 나위 없이 따뜻한 위로를 받았다. 평생 잊히지 않을 느낌이다. 그가 말했다. "참 이상한 인연이야."

그토록 개인주의 성향이 강했던 내가 엄마의 죽음 이후 많은 죽음을 만나면서 이타적인 사랑에 눈이 뜨였다. 인간을 향한 측 은지심은 타인을 대하는 태도와 행동에 변화를 보였다. 그가 느 낀 '이상한 인연'은 삶이 끝나는 짧은 길목에서 아마도 한 인격 체로서 존중하는 인간적인 따스함을 느껴서이지 않을까.

황 교장에게서 연락이 왔다. 그는 마스크를 달라며 챙겨 쓴다. 황 교장이 들어와 의자에 앉는 동안 그는 자신의 휠체어를 약간 비켜 고정해달란다. 코로나19 바이러스 전염을 염두에 둔 행동 이다. 황 교장은 눈치를 채고 동조해줬다. 죽음을 가까이 둔 와 중에 전염을 걱정한 그의 행동이 귀엽기도 했다. 그를 많이 알고 이해한 황 교장은 그나마 가까이서 반찬과 곶감, 한라봉 등 간 식거리를 가지런히 담아 들고 방문한 유일한 외부인이다.

그는 저녁 6시까지 두 시간을 내리 깨지 않고 잤다. 내가 저녁 식사를 마치고 병실에 들어왔을 때 그가 소변을 보려고 눈을 떴 다. 이제는 그가 침상에 누운 상태로 내가 소변통을 대주었는데

80cc를 봤다. 젖은 옷을 벗겨놓은 채 급히 팬티와 환자 바지를 가져와 갈아입혔다. 그는 "생판 모르는 사람에게 신세지다니."라고 혼잣말로 볼멘소리를 하며 팽 돌아누워 다시 잠든다. 자그마한 그의 뒷모습을 바라보자니 마음이 짠하다. 정신은 말짱한데 몸은 점점 다른 사람에게 의존해야 하고, 소변조차 제대로 처리하지 못하는 자신의 처지에 부담과 수치감이 들었을 거다. 게다가 돌봐주는 사람이 남이면 더욱 창피스러운 감정이 들었을 테다. 그래서 더더욱 간호하는 사람의 내어주는 사랑과 자신의 속을 내보여도 좋을 신뢰감이 환자에겐 필요했다.

저녁 6시 50분. 다시 잔 섬망 증상이 나타났다.

"이거 가져가."

"네?"

"이거 가져가."

침대 난간을 치며 다시 한번 말한다.

"그건 위험해서 해 놓은 거예요. 가져가지 못하는 거예요."

고개를 끄덕끄덕하며 그는 더이상 가져가란 말은 안 했다.

펼쳐놓은 보호자 침상 끄트머리에 멀찍이 앉아 있는 내게 그가 말을 건넸다.

"유, 왜 이렇게 쓸쓸하게 있냐?"

섬망 증상을 보인 이후 저녁에 수면제 약을 바꿨다.

그는 또 7시 42분을 7시 10분 전으로 시계를 이상하게 읽었다. 머리가 아프다는 말도 처음으로 했다. 이마에 손을 자주 얹길래 머리 아프냐고 물어보면 "아니야."라고 했는데 이번엔 달랐다.

소변도 한번 볼 때마다 200cc에서 150cc 정도밖에 못 봤다. 일을 다 보고 끝날 즈음엔 쥐어짜듯 힘주는 소리를 냈다. 밤새 깰 때마다 물도 찾았다.

죽는다고 해서 내려온 거예요?

'황혼 일기'를 폈다. 그는 몇 글자 쓰고 이어질 말을 못 찾는다. 다음 장을 넘기라고 손짓했다. 나는 페이지를 넘겼다. 그는 또 몇 글자 쓰더니 펜을 멈추고, 이어질 단어를 찾느라 눈동자를 고정시킨 채 눈꺼풀만 껌벅거렸다. 단어가 기억나서 쓰려다가도 어떻게 쓰는지 몰라 펜을 머뭇거렸다. 다시 넘기라고 손짓을 한다. 그렇게 몇 장을 넘기고서야 "다 부질없는 짓이야, 다 지워." 라며 손을 휘저었다.

"오늘 오는 날이에요?"

대뜸 그가 물었다. 순간, 나는 '어제의 섬망 상태에서 아직 안 깨어나셨나?' 생각하는데 그가 이어 말했다.

"죽는다고 해서 (임종 방으로) 내려온 거예요?"

"아니에요. 저번에 소리 지른 어르신 때문에 잠을 못 주무셨 잖아요."

괴성을 질러대 잠을 설친 경험이 어찌나 강력했던지 그도 금

세 생각해냈다.

"그랬지…."

"아버님이 이틀 동안 많이 힘들어하셨어요. 그래서 1인실로
옮긴 거예요."

"어…. 그래서 1인실로 옮긴 거…."

"그래서 걱정하신 거예요?"

"어."

"이제 이해가 되셨어요?"

"어."

얼마 전에, 그에게 첫 번째로 모셨던 어르신의 임종 이야기를
했다. 2인실에 입원한 그 어르신은 임종 징후가 보일 때 따로 마
련된 '임종실'로 옮겼다. 그 방은 가족과 마지막 시간을 보내기
에 좋을 분위기로 마련된 곳이다. 외동딸과 손녀가 어르신의 손
과 발을 끊임없이 어루만지며 속삭였다. 부인과 사위, 손주. 조
촐하게 가족이 둘러앉은 가운데서 어르신은 삶의 마지막 시간
을 보냈다. 밤새 가족들이 자신과의 추억거리로 도란도란 웃고
우는 소리를 다 들었을 것이다. 첫 어르신은 가족의 배웅을 받
으며 너무나 평온한 얼굴로 하늘나라에 갔다.

가만히 이야기를 들은 그가 "나도 그렇게 해줘."라고 부탁했
고, 그의 생각을 가족에게 말해 두겠다며 "알겠어요."라고 나는

대답했었다.

며칠 동안 그는 섬망 속을 헤매다가 문득 자신이 1인실에 와 있는 것을 인식했다. 그래서 곧 임종 때가 되었는지 내게 물은 것이다.

며칠째 잠을 못 잔 그가 심경을 토로했다.

"술 한잔 마시고 잠을 푹 잤으면 좋겠다."

"집에서는 잘 주무셨나요?"

"평소에 많이 자는 편은 아니었지만, 이 정도는 아니었는데…"

"술을 좀 알아봐 드릴까요?"

방법을 찾아보겠다는 말에 그는 고개를 저었다.

엄마가 암으로 병원에 입원했을 때다. 엄마에게 줄 일회용 물컵을 헹궈서 사용할 정도로 위생에 많이 신경썼다. 그런데 나는 엄마가 먹고 싶다는 음식을 직접 만들지 못하고 시장 음식과 배달용 초고추장을 먹인 것이 마음에 걸렸다. 딜레마에 빠졌다. 암인데 음식을 가려야 하지 않을까? 아니면 입맛에 맞는다면 어떤 음식이라도 줘야 할까? 그 음식을 먹던 엄마의 모습이 떠오르면 마음 한편으로 죄의식마저 되살아났다. 나중에 알았다. 잘못한 일이 아니라는 것을.

담배 골초인 아버지가 요양병원 침상에 누워 담배를 찾느라 왼쪽 윗주머니를 쉴 새 없이 긁던 모습도 안타깝게 남았다. 평생 피운 담배 한 대를 딱 한 번만이라도 태울 수 있게 해드렸다면….

호스피스에서는 가능한 모든 것을 허용하라고 한다. 그가 즐겼던 술 한잔을 마셨더라면? 그리고 몇 시간 푹 잘 수 있었더라면? 하지만 그는 강요가 아니라 자신이 선택했다. 마시지 않겠다고. 술 힘을 빌려서라도 푹 자고 싶은 것을 마다할 정도로 그가 삶의 끈을 놓지 않았다고 생각한다. 아무리 죽음이 앞에 왔을지라도 아직은 살아있는 존재니까.

15일차
.
.
2월 5일

때때로 좋을 때가 있다

밤새 그는 답답해하며 뒤척이고 앉았다, 눕기를 반복한다. 그에게 조금이라도 도움이 될까 싶어 나는 구겨진 시트며 베개를 매만져줄 뿐이다.

아침 7시. 그의 얼굴과 발에 수건 찜질을 해줬다. 그의 정신이 들었는지 궁금해서 내가 물었다.

"저, 누구예요?"

"유."

다시 뜨거운 물에 담갔다가 꼭 짠 수건으로 발을 감싸 지압하면서 물었다.

"아버님, 좋으세요?"

"응, 좋아."

"천국이에요?"

"…"

"별세계에요?"라는 물음엔 고개를 끄덕인다.

처음 찜질했을 때 '좋다'는 뜻이었던 '천국'이라는 말이, 지금에 와선 다른 '천국'을 뜻하는 말이 됐다. 단지 그와 내가 통한 유머인 '별 개수'이거나 '별난 세계'를 합친 말인 '별 세 개(계)'에서만 반응을 보였다.

찜질을 끝내고, 나을 기미가 보이지 않는 그의 코에 면봉으로 연고를 발랐다. 상태가 좋지 않은 입술에도 연고를 발라주었다.

아침 식사는 미음 한 그릇, 김 대여섯 장, 배추김치 한 젓가락, 갓김치 한 젓가락, 국 두 숟가락을 먹었고, 동치미 국물은 한 모금으로 자제했다. 그리고 천혜향 두 쪽, 한라봉 이분의 일 쪽을 먹었다.

꽤 많은 양을 먹은 그는 말한다. "잘 먹었다!"

아침 일정을 마친 그는 한숨 잤다. 그리고 눈을 떴을 때 침상 옆에서 책을 읽는 나를 보곤 "좋아!"라고 말한다. 그는 딱 이 정도 간격 유지를 좋아했다. 멀리 있지 않고 그의 옆을 지키면서 내 할 일을 하는 평온한 시간이다. 그의 손가락이 코로 가서 "연고 발라드릴까요?" 물어보니 "응"하고 고개를 끄덕인다. 연고를 바르며 내가 말했다.

"아버님, 이제 정상으로 돌아온 것 같아요?"

"응."

"꿈을 너무 많이 꿨어요. 특히 비행기 꿈요."

지지한 섬망과 현실을 오갔던 헛소리 증상은 완전히 사라졌다.

오전 11시. 그는 누운 채 내가 대준 소변통에 소변을 본 후 가려운지 손이 아래로 갔다. 내가 물티슈로 닦으니까 아프다고 한다. 살펴보니 귀두 사이에 가는 피가 맺혔다. 나는 멸균 티슈로 조심스럽게 닦아내고 연고를 바른 후 마른 거즈로 감쌌다. 멸균 티슈는 두 번째 모셨던 어르신의 부인이 병원 직원들에게 돌릴 떡과 남은 물품들을 보내준 것이다. 참 선한 마음이다. 물품을 보내준다는 연락이 왔을 때, 그와 아들에게 의향을 물었더니 괜찮다며 마음을 받았다.

멸균 티슈로 또 한 번 처치했을 때 그는 진심으로 말했다.

"고마워, 고마워!"

엄지 척!

회진 때 의사가 그에게 물었다.

"여사님이 잘해 주시는 것 같아요?"

며칠 전, 의사가 그에게 병원 생활이 어떠냐고 물었을 때 "그저 그렇다."라고 답했다. 그때 의사는 그의 '그저 그런 병원 생활'이 되지 않기를 바라는 눈길로 나를 쳐다봤다. 그만큼 24시간 돌봄하는 간병사의 역할이 환자에게 중요하다고 생각한 것 같다.

첫 번째 어르신 때 일이다. 의사는 회진 때마다 간병사에게 환자의 상태를 물었다. 한번은 거의 의식이 없는 어르신의 팔을 주무르는 모습에 흡족한 미소를 지으며 "어르신 손도 자주 잡아주세요."라며 당부했다.

호스피스환자는 여러 봉사자로부터 목욕 봉사, 발마사지 봉사, 음악치료 봉사, 미술치료 봉사 등 다양한 봉사를 받는다. 하지만 코로나19로 봉사는커녕 지인들 면회도 허락되지 않은 상황이다. 그래서 같은 병실에 입원한 이웃 병상 환자에게 의향을 묻고 발마사지를 해주었다. 하지만 생각지도 못한 오해가 생겼다. 보호자인 딸은 아버지의 발을 만진 것에 무척 불쾌해했다. 나중에 알고 보니 아버지의 여자 문제로 해결하지 못한 마음 깊은 상처가 올라왔기 때문이었다. 딸에게 그럴 수 있겠다는 이해와 본의 아니게 상처를 주어 미안하다는 말과 조심하겠다는 마음을 전했다. 병실을 떠날 때 딸은 "맑은 사람인데 미안합니다"라고 사과를 했다.

선한 행위라 할지라도 다양한 시각과 각자 경험에서 나온 해석으로 간혹 오해를 불러일으켰다.

말 나온 김에 첫 번째 어르신 얘기를 좀 더 하면, 담당 간호사는 이틀에 한 번꼴로 어르신의 면도를 해주었다. "아버지, 수염이 많이 자랐네요? 제가 면도해 드릴게요." 대답 없는 어르신이지만 '아버지'라고 부르는 호칭에 친근감이 묻어 듣기가 참 좋았다. 무엇보다 좋았던 것은, 어르신의 입안이 분무기로 물을 자주 뿌려줘도 입이 벌어진 채 숨을 쉬어서인지 혀가 건조해져 안쪽까지 딱딱한 백태 껍질로 덮였다. 멸균 솜으로 닦아내도 소용없었는데 담당 간호사가 그 껍질을 일일이 핀셋으로 떼어주었다. 그러자 시원하게 촉촉한 혀로 다시 드러났다.

세상에! 어르신은 할 수만 있다면 '엄지 척!'을 수십 번도 더 내밀었으리라. 요양병원에서 나의 아버지 혀가 그랬다. 메마른 숨소리에 아버지의 점점 두꺼워지는 백태 낀 입안을 볼 때마다 '얼마나 답답할까?' 안쓰러워했던 기억이 떠올라, 간호사의 처치가 너무나 고마웠다.

언젠가 휴게실에서다. 옆 병실의 간병사가 환자에게 재밌는 이야기를 했더니 환자가 웃고 좋아하더란다. 환자에게 그저 소소한 이야기를 잘 풀어내는 것도 간병사로서 필요한 능력이었다. 그래서 그 간병사가 무척 부러웠다.

시간이 흐를수록 말벗보다는 신체를 돌보는 일이 많아졌지만, 주로 그가 말할 때면 나는 반응을 보이며 웃기를 잘했다. 한번은 그가 "말하는 것이 에너지 소모가 크다. 얘기 좀 해봐." 한적이 있다. 나는 진지한 이야기를 빼곤 일상적인 얘기를 잘하지 못했다. 갑자기 무슨 이야기를 해야 할지… 당황하면서 언제부턴가 내 삶에 유머가 없었구나, 하는 생각이 불현듯 들었다. 그래서 간병사 자질이 부족하다는 미안한 마음을 갖던 터였다. 나는 신체 돌봄 일은 할수록 능숙해져도 웃기는 일엔 여전히 자신이 없었다.

어찌 됐든 의사가 묻는 말에 그가 '엄지 척'을 해보였다.

"오!"하고 염려가 사라지는 의사의 감탄이 흘러나왔다. 다행이라고 해야 하나. 그가 나의 말주변이 없는 점도 잘 봐준

덕이다.

잠시 후, 사회복지사가 병실에 들어왔다. 그리고 눈을 감은 그에게 "아버님 어떠세요? 보고 싶은 사람 없으세요?"라고 묻자 그가 대답 대신 살며시 눈을 떴다.

"배우자분 안 보고 싶으세요? 보고 싶으면 말씀하세요. 불러 드릴게요."라고 말했다.

대부분의 질문에 긍정적으로 대답한 그였지만 그때는 웬일인지 속마음을 비추지 않았다. 그래도 고맙다는 인사로 아무 말 없이 손을 내밀어 악수를 청한다.

16일차

·
·

2월 6일

답답해

호스피스 병동. 고요하다. 세상의 시끄러운 일은 이곳에선 전혀 무관하다. 한 사람씩 조용히 하느님께 가거나, 소리를 지르며 가거나, 죽음으로 가는 모습만 조금씩 다를 뿐. 고요 속에 한 존재가 괴로워하고 있다.

새벽. 그는 몸부림을 쳤다. 앉았다, 엎었다, 뒤집었다. 그는 당직 간호사에게 "답답해."라며 답답증을 호소했다. 간호사는 창문을 열었다.

새벽 2시. 간호사는 수면제를 알약에서 주사약으로 바꿔 링거에 투약했다. 알약보다 주사약이 빨리 흡수된 덕분에 그는 다소 빨리 잠들었고 50분을 잤다. 잠에서 깬 그는 계속 물을 찾았고 여섯 번을 소변 보겠다고 했지만, 새벽 4시쯤에야 50cc가량 눴을 뿐이다.

연이어 나흘째 나는 밤새 한숨도 못 잤다. 고비다. 아무리 쪽

잠 자던 습성도 한숨을 못 자는 건 무리다.

내가 하루 쉴 동안 간병하기 위해 그의 아들 부부가 왔다. 그가 말했다.

"니들이 할 수 있을지 모르겠다."

이제 자신의 대소변을 받아야 하는 상황에서 아들 부부가 그것을 해낼지 걱정했다. 어쩌면 자신의 마음이 더 걱정됐는지 모른다. 직업으로 돌봄하는 간병사에게 자신의 몸을 맡기는 것이 오히려 덜 부담스러웠을지도.

"인계 잘해. 언제 와?"

가기도 전에 언제 올지를 묻는 그의 눈빛에서 불안한 심정을 엿봤다. 며느리는 집에 돌아갔고 남은 아들은 매우 잘 해냈다. 나는 병원 측에서 빌려줄 가습기가 있는지도 몰랐다. 그의 아들은 가습기를 달라고 해서 병실에 들어났다. 헐어서 딱지가 생긴 그의 코에 숨통이 트일 것 같아 내 속이 다 시원했다.

17일차

·
·

2월 7일

쉬고 싶어

"이렇게 죽는 날만 기다리는 거야?"

한숨도 못 잔 그가 이리 뒤척 저리 뒤척이며 말한다.

"아니죠. 삶을 사는 거죠. 죽는 날만 기다리는 것 같아 힘드세요? 밖에 나가서 살고 싶으세요?"

그는 지친 기색으로 고개를 끄덕이기만 한다.

"집에 가고 싶으세요?"

"아니."

"뭐 하고 싶으세요?"

"쉬고 싶어."

"어떻게 해야 쉴 수 있을까요?"

"기다려."

그는 오직 죽을 날만 생각하는 듯하다. 잠은 못 자고 몸은 어찌할 바를 모르게 괴롭고. 이럴 바에야 차라리 죽는 게 편하겠다는 말이다. 그가 말한 "기다려"는 죽으면 쉰다는 뜻이었다.

"며칠이야?"

날짜를 묻는 그에게 다시 물었다.

"아버님, 왜 날짜와 시간을 자꾸 보세요?"

"죽을 날짜."

그랬다. 분명 죽음이 코앞에 오긴 왔는데 그때가 언제인지를 어떻게 알겠는가. 그는 누군가와 약속이라도 한 듯 날짜를 확인하고 시간을 확인한다. 생전 처음 겪는 '죽음'이라는 큰일을 바로 앞둔 그의 몸은 두려움과 불안에 어찌할 바를 몰랐다.

"하루 보내기가 이렇게 힘들어."

그의 말에서 '하루' 보내기가 죽고 싶을 만큼 힘들어했던 한 노숙인이 생각났다.

언제부턴가 성당 안팎으로 50대로 보이는 한 남성 노숙인이 자주 눈에 띄었다. 노숙인은 미사가 끝나는 시간에 맞춰 만남의 방에 나타났다. 밥이라도 사 먹으라고 돈을 주거나 여러 선행을 베푸는 신자들도 있지만, 외관으로 봐도 뒤엉킨 장발과 땟국이 절은 옷에서 냄새가 너무 심하니 눈살을 찌푸리기도 했다. 그래서 나는 노숙인이 목욕이라도 하면 성당에 들어오는 일이 좀 수월하지 않을까 싶었다. 그러면 신자들과도 안면이 자주 트여 성당에서 작은 일이라도 할 기회를 얻고, 재활하는 데 도움이 되지 않을까 하는 생각이 들었다. 그래서 노숙인에게 돈을 쥐여주면서 목욕탕에 가라고 했지만 다음에 본 노숙인의 몰골은 그대로였다. 목욕탕 주인도 쉬이 받아주지 않을 성싶었다. 그래서 내가 직접 노숙인을 데리고 사람이 많지 않을 시간에 목욕탕에 데려갔다. 주인에게 사정을 얘기해서 노숙인은 1년 만에 목욕을 딱 한 번 했다. 이후에도 성당 근처에 신자가 운영하는 밥집에서 밥을 함께 먹으며 이런저런 재활을 시도했지만 쉽지 않았다. 노숙인은 어딘가에 있다가 교우들이 오는 미사 시간에 맞춰 모습을 드러내며 두 해 정도 겨울을 보냈다. 동네 일대를 노숙하다 쫓겨나 더 갈 데가 없어 성당 지하에서 쪽잠을 잔 모양이다. 새벽 미사에 오는 할머니 자매님들이나 젊은 자매들은 불쑥 나타나는 노숙인 때문에 안전에 위험을 느꼈다. 성당에서도 안전관리 차원으로 조치를 하는 바람에 더는 성당에서 노숙하기 어려웠다.

노숙인은 겨울에는 하루하루 버티기가 무섭다고 했다. 내가 집에 가기 위해 노숙인과 성당 사거리에서 인사를 하고 돌아서려는데 노숙인은 어느 방향으로 발걸음을 떼야 할지 난감한 듯 머뭇거렸다. 자유는 있지만 황량한 세상, 어디로 향할지 막막해 보였다. 그 모습의 잔상은 꽤 오랫동안 내 뇌리에 남았다.

하루 버티기가 두렵다며 죽으려고 건물 옥상에 올라갔지만, 그 한 발을 못 떼어 죽지 못했던 노숙인은 코로나19 발병 이후로 보이지 않았다.

"하루 보내기가 이렇게 힘들어."

그의 말에서 얼마나 힘들까? 하는 생각은 들지만 직접 겪지 않은 나로선 그처럼 알 길이 없다. 단지 앞의 어르신들처럼 잠이라도 자면 그가 덜 괴로울까? 하는 생각이 들어 그에게 말했다.

"잠만 자도 괜찮을 텐데요…."

"응. 잠만 자도."

그가 침상에 있기 힘들다며 차라리 휠체어를 타겠다고 했다. 찬찬히 그를 부축해 휠체어에 앉히고 잠바를 입힌 뒤 무릎 덮개를 씌웠다. 복도에 나갈 준비를 끝내고 막 병실 문을 나서려는데 가족들이 들어섰다.

가족의 방문

둘째 아들과 그의 노부인이다. 그의 부인은 이미 젖은 눈길로 들어서며 말한다.

"잘 있길 바랬는데…"

부인은 자그마한 키와 체구에 하얀 머리다. 고운 화장과 발목까지 닿을 듯한 터틀넥 파랑원피스에 연보라색 오버 스웨터를 걸쳤다. 목소리 톤은 낮고 차분했으며 발음은 정확하고 똑 부러졌다. 지금껏 자신의 삶을 잘 살아온 인상이다.

"두 분 말씀 좀 나누세요."

둘째 아들은 아버지가 어머니와 시간을 가지라며 나가려고 했다.

"우리, 할 말 다 했지요."

나는 부인의 말을 뒤로하며 병실 밖으로 나왔다. 그의 둘째 아들은 아래층에서 기다리는 둘째 며느리, 셋째 며느리와 막내 손자에게 갔다. 그리고 셋째 며느리 모자를 데리고 다시 병실로 들어갔다. 나는 복도 긴 의자에 앉아 말없이 고개만 숙여 인사했다.

잠시 후, 둘째 아들이 병실 밖으로 나와, 그가 나를 찾는다며 병실로 들어오라고 한다. 나는 무슨 일인가 싶어 들어갔다. 그가 가족들에게 "남 같지 않아."라는 말로 나를 소개하며 그냥 병실에 있으라고 한다. 부인은 울음 섞인 목소리로 혼잣말처럼 중얼거렸다. "잘 있기 바랬는데…. 인사 다 하고 집 떠나면서, 육십 평생 잘살았으니 새로운 곳에 가서 새로운 인연들 만나 살아보겠다 했는데…. 좀 나아지면 주변에 집 얻어 성당에 봉사하면서 살겠다고 했는데…." 그와 부인은 이별의 인사를 나눴지만 죽음이 갈라놓을 이별은 미룬 것일까? 그랬기에 남은 시간 새로운 삶의 희망을 걸었던가? 부인은 그의 손을 잡고 마음을 다잡듯 말한다. "세상 태어나 잘 살다 당신도 나도 다 갈 거니까, 하느님 나라 가는 게 목적이니까." 그에게 힘을 실어주고자 했다. 그는 부인의 말을 귀담아들으며 고개를 끄덕인다.

그가 부인에게 물었다.

"집에 갈까? 여기 있을까?"

부인에게 묻는 그의 말에서 평소 부인을 신뢰하는 마음이 엿보였다.

"여기 있어야지. 집에서는 이렇게 받을 수가 없잖아."

노부인의 현실적인 답이 돌아왔다.

"솔직히 말씀해 보세요. 집에 잠시 가고 싶으세요?"라고 거드는 내 말에 그가 고개를 젓는다.

부인이 그를 쳐다보며 내게 말했다. "하루도 안 빠지고, 묵주 기도를 했어요. 세 시면 자비의 기도를 했고요." 부부가 함께 늘 기도했다는 말이 듣기 좋았다.

그가 부인에게 손을 내밀며 말했다. "이제, 그만 헤어져. 악수." 나는 참 그답다고 생각했다.

때마침 저녁 식사가 왔다. 그는 휠체어에 앉은 채 식사하기로 했다. 이동 탁자를 그 앞으로 밀어놓고 식판을 올려놓았다. 나는 넌지시 부인에게 그의 식사 시중을 들게 숟가락을 건넸다. 부인은 정성껏 죽을 떠먹여 주며 말한다. "처음 떠먹여 줘서 미안합니다." 그는 순순히 잘 받아먹는다. 착한 아기 같다. 해달란 말은 안 했지만 그는 이런 보살핌을 받길 원했을 것이다. 톨스토이의 《이반 일리치의 죽음》에서 죽음을 앞둔 이반이 '살살 어린아이 달래듯 어루만져 주고 입을 맞추고 슬퍼해 주기를 원했다'라는 속마음처럼 그도 그랬을 성싶다.

그가 남긴 묽어진 죽을 중학생 손자가 배고프다며 맛있게 먹고 그릇을 싹 비웠다. 손자의 행동을 보니 어린 시절 우리집 식사 풍경이 떠올랐다. 그 시절엔 요즘 밥그릇보다 큰 스테인리스 그릇에 밥을 수북이 폈다. 아버지는 늘 소식小食 했는데 항상 밥을 깨끗이 떠먹고 남겼다. 그러면 우린 아버지가 남긴 밥을 더 먹겠다고 했다. 이런 모습이 흐뭇했는지 아버진 언제나 밥을 남겨 우리에게 더 먹으라고 주었다. 아버지에게 향한 공경심과 자식에게 베푼 사랑이 담긴 행위였다. 이처럼 그의 손자가 거리낌 없이 먹는 행동에서 평소 생각한 할아버지의 위치와 할아버지를 향한 마음을 읽었다. 손자는 거의 매일 할아버지에게 안부 전화를 했다. 하늘나라로 간 아빠 대신 할아버지에게 많이 의지한 모양이다. 그 역시 막둥이 손자가 가장 마음에 쓰이지 않았을까.

손자는 할머니가 운을 떼자 익숙하게 병실 바닥에 엎드려 세배한다. 부인은 그의 손을 잡은 채 세배하는 손주를 바라보며 말했다. "2021년 1월 7일 홍민준 세배합니다." 그리곤 얼굴을 돌려 그를 보며 "세뱃돈은 줬어요." 안심하라는 목소리다. 초점이 약간 풀린 그는 대답 대신 고개를 끄덕이면서도 머리가 갸우뚱 흔들렸다. 힘겨워 보였지만 잘 견뎌냈다.

방문한 가족들과 함께 로비에 걸린 그의 작품을 보러 나갔다. 나는 그의 작품 앞에서 가족들의 기념사진을 찍어줬다. 그의 아들은 얼른 빠져나온 그 자리에 나를 밀어넣으며 사진을 찍겠다고 한다. 앞줄 가운데 휠체어를 탄 그가 있고 뒷줄엔 며느리 둘과 키 큰 손주가 서 있다. 그리고 그의 양옆으로 부인과 내가 서서 그를 향해 허리를 살짝 굽히고 미소를 지었다. 찰칵!

그는 가족이 돌아가고 난 후, 수면 주사약에도 잠을 못 이루
자 "왜 이렇게 죽지도 않냐⋯? 인사 다 하고 갔는데, 얄궂게 죽
지도 않고⋯"라며 중얼거렸다. 그는 자신의 떨어진 기력에서 바
짝 죽음이 다가옴을 본능으로 느꼈고, 몰려온 가족들이 마지막
인사를 하러 왔다고 느꼈다.

18일차

●
●

2월 8일

밤도 새고 낮도 새고

밤새 그는 침상에서 앉으려고만 한다. 하지만 앉은 자세가 영 불편한 듯했다. 미세한 불편을 해소하기 위해 베개 세 개를 어깨와 등과 엉덩이 부분에 이리저리 받쳐가며 편한 자세를 찾아갔다.

"이렇게요?"

"아니, 빼."

그가 무거운 몸을 몇 번에 걸쳐 옮기고 힘겹게 엉덩이를 뒤로 빼가며 겨우 편한 상태로 맞췄다.

"그래, 좋아."

막 자세를 잡았는데 세 명의 간호사가 들어와선 앉은 그의 자세가 불편해 보인다며 받쳐놓은 베개를 빼고 몸을 쭉 올려놓고 나갔다. 이내 다시 이리저리 베개를 고아가며 겨우 자세를 잡았다. 그는 계속 앉아 있으려고만 한다.

왜 밤낮없이 앉아 있으려 할까? 문득, 얼마 전 괴성을 지르던 어르신이 기억났다. 그 어르신은 밤이건 낮이건 눕지도 않고 앉아 있기만 했다. 힘들 텐데 어떻게 오랫동안 눕지도 않고 앉아만 있는지 의아했는데 지금 그가 같은 모습을 보였다. 아, 그 어르신도 임종이 가까워지면서 보인 증상이었던 걸까? 괴성을 견디다 못해 다른 2인실에 잠시 머물렀을 때 그 괴성은 복도를 타고 계속 들려오다 갑자기 멈췄다. 그리고 임종 소식을 들었다.

그는 수면약에 취해 걷기도 힘든데 화장실에서 소변을 보겠다고 한다. 그가 웅얼거리는 소리로 두어 번 뭐라 말했는데 나는 알아듣지 못했다. 그는 굉장히 답답했는지 "염병할…" 신음하듯 내뱉었다.

새벽녘.
"집에 언제 가? 마이 홈."
살던 집을 얘기한 건지 영원한 집을 얘기한 것인지 나는 알아채지 못했다. 어쩌면 임박한 죽음을 직시하자 '집에 가고 싶다'는 귀소본능에서 나온 말일지도. 그에겐 일상과 자신의 존재를 기억하는 곳, 가족 얼굴을 한 번이라도 더 보는 것이 나을지도 모른다. 정신이 혼몽한 상태에서 그의 진심은 집으로 향했다. 어쩌면 그는 여러 사람의 상황을 살피느라 정말이지 자신이 원하는 것은 마음 깊이 넣었던 것은 아닐까.
그에게 말을 시키려고 좀 전에 한 얘기를 꺼냈다.
"저한테 욕하셨어요."

"내가? 아니야."

그는 약간 놀라며 그럴 리가 없다는 표정이다.

"욕하셨어요."

"…"

"사과해 주세요."

"잘못했습니다."

그는 자신이 그럴 리 없다고 생각하면서도 상대가 반복하는 말에 잠잠했다. 그러면서 나의 요구를 받아들이고 사과한다. '인정'하는 그의 모습에서 '용기'를 봤다.

아침 9시쯤. 환시가 보인다고 괴로워했다.

"숫자 삼이 왔다 갔다 해."

"없어지게 수건 찜질을 좀 할까요?"

"오메, 숫자 삼 없어지라고 해."

뜨거운 물수건으로 얼굴에 찜질했더니 없어졌다고 한다. 한숨 돌리고 창문에 비치는 아침 햇살을 보며 그가 말했다.

"햇살이 좋다!"

소원

점심 후. 그의 몸에는 연이어 세 개의 줄이 달렸다. 소변줄과 복수를 빼기 위한 줄 그리고 수액줄이다.

처음에 의사는 그의 오른쪽 쇄골 아래쪽에 마취 주사약을 넣었다. 그리고 수액줄을 연결할 중심정맥관을 삽입하기 위해 두꺼운 주삿바늘을 꽂았다. 하지만 한 번에 제대로 되지 않았다. 의사는 고개를 갸웃거리며 세 번을 시도하다 겨우 바늘을 꽂았다. 그 사이 마취 주사약을 한 번 더 넣었다. 나는 몸서리치며 광경을 지켜봤다. 몇 번을 찔러댄 주삿바늘 자리는 마취가 풀리면 통증이 고스란히 남지 않을까? 몸이 감당할까? 그의 입술에서 "하루 아프기가 힘들어."라는 말이 새어나왔다.

잠시 후, 복수를 뺀다고 배 오른쪽에 줄을 달았다. 그가 자꾸 오른쪽으로 몸을 기울이는 바람에 줄이 빠질까 봐 그에게 "조심하세요."하고 주의시켰다. 나중엔 "교장 선생님이 왜 이렇게 말씀을 안 들으세요?"라는 말로 분위기를 띄우려 했지만, 그는 제정신이 아니었다.

이어 소변줄까지 달았다. 그에게 "시원하게 소변 좀 보게 해드릴까요?"라고 간호사가 묻는 말에 '그렇게 해달라'고 해서 달린 소변줄이다. 얼마 전 "자는 게 힘드시면 잠 좀 자게 해드릴까요?"라고 했던 말과 같다. 환자에게 에두르지 말고 정확한 용어로 설명해줘야 오해의 소지를 방지한다. 이전에 호스피스 의사라면 환자가 무엇을 소중히 여기는지도 이해할 필요가 있다. 최소한 자신의 신체에 어떤 장치를 하고, 그렇게 했을 때 어떤 어려움을 감수해야 하는지 설명해 주어야 한다. 소변줄을 달기 전에 말이다. 환자에 따라 다르다면 그에겐 설명해서 이해를 시켜야 했다. 나였어도 그렇다.

교황청 보건사목평의회에서 반포한 《의료인 헌장》 96항 '설명에 근거한 환자의 사전동의'에 관한 내용을 참고할 수 있다.

의료인은 사전에 암묵적(의료행위가 일상적이고 특별한 위험이 없는 경우) 혹은 명시적으로(치료가 위험을 내포하는 경우 문서로) 환자의 동의를 얻어야만 개입할 수 있다. 사실, 의료인은 환자에 대하여 독립적이거나 분리된 권리를 갖고 있지 않다. (생략…)
의료인과 환자의 관계는 인간적인 대화의 관계이며, 주체-객체의 관계가 아니다. "환자는 (생략…) 타인의 결정과 선택에 종속되지 않고 인격적으로 선택할 기회가 주어져야 합니다."*

* 요한 바오로 2세, 〈세계 가톨릭 의사 대회에서 한 연설〉(1982.10.3), 4항: 《요한 바오로 2세의 가르침》, V, 3(1982), 673쪽.

환자가 온전히 의식 있고 자유로운 선택을 하도록, 그에게 자신의 질환, 가능한 치료법, 동반되는 위험·문제점·결과들에 대하여 가능한 한 완전한 정보를 줘야 한다.* 이것은 환자에게 사전동의를 요청해야 한다는 뜻이다.

기력이 떨어지고 잠을 못 자 몽롱한 채, 시원하게 소변 좀 보게 해주겠다는 말을 들은 환자는 불편함을 해소해 준다는 데 마다할 리 없다. 정신이 들고 보니 그에겐 이미 소변줄이 달린 셈이다. 그가 "오줌 누고 싶어."라고 말했다. "소변줄이 달렸으니 그대로 있으면 소변은 알아서 나와요."라며 간호사가 설명했다. 하지만 그는 이해하지 못했다. 오줌을 누고 싶은데 가만히 있으면 나온다니! 오줌 누려고 몇 번을 반복하고서야 자신의 몸에 어떤 일이 일어났는지 알아차렸다. 그는 볼멘소리로 내게 말했다.

"나쁜 짓이야!"

"편하게 보세요."

"편할 게 따로 있지."

"자주 소변을 보느라 깨서, 잠도 못 주무시고 하니까요."

"생각과 달라졌어."

그는 처음 이곳에 올 때 기대했던 생각과 달라졌다는 말을

---

* 참조: 요한 바오로 2세, 〈내과·외과 학회 참가자들에게 한 연설〉(1980.10.27), 5항《사도좌 관보》72(1980), 1127-1128쪽.

했다.

"큰 소변통에 실컷 눴으면." 소변을 시원하게 보는 게 그의 소원이 되었다. 그가 믿어야만 했던 의사에게 처음으로 "뭐가 나빠."라며 혼잣말로 불만을 토로한다. 그는 '내 몸이고 내 의지로' 소변을 보겠다는데 왜 이런 처치를 했느냐며 받아들이지 못했다. 그로서는 기본적인 욕구를 해결하지 못하는 몸 기능의 커다란 상실과 수치심에 또 한 번 무기력해질 뿐이다.

그가 소변줄을 달고 나서 어찌할 바 모르다 찾아낸 방법은, 이동식 좌변기에 앉거나 또는 서서 소변통에 소변을 보는 '행위'였다. 소변을 보려고 힘주면 소변줄을 통해 나올 거라고 생각했다. 하지만 담당 간호사는 내게 "소변을 보려고 하지 않아도 저절로 안에서 나온다고 정확하게! 설명해줘야 해요."라고 당부했다. 나는 그에게 그대로 설명한 뒤, 위로랍시고 "편하잖아요."라고 덧붙여 말했다. 그는 "편하지 않아."라며 고충을 토로했다. 소변줄을 하면 편하지 않겠냐는 말은 직접 겪지 않으면 알지 못할 뿐더러 위로라고 함부로 할 말도 아니었다.

그가 변을 보겠다고 하여 이동식 좌변기에 앉혔다. 나는 가림막을 치고 밖에서 기다렸다. 그가 "다 눴다."라며 일어섰다. 나는 반가운 마음에 변기를 들여다봤다. 하지만 안에는 '아무것도' 없었다. 그가 '다 눴다'고 착각한 말이 무색하게 텅 빈 변기. 나는 아무 말 없이 빈 변기를 치웠다.

54세 사진작가의 죽음

가족 휴게실에서다. 나는 그에게 대줄 핫팩을 전자레인지에 돌리는 중이었다. 아가씨 한 명이 정수기 앞에서 물 한 컵을 받으며 훌쩍인다. '연락받고 왔나…?' 어느 환자가 임종에 가까워져 가족이 왔나 보다 생각했다. 레인지에 데운 핫팩을 들고 복도를 막 돌아갈 때였다. 특실 쪽에서 한 가족이 짐을 들고 고개를 숙인 채 걸어왔다. 그리고 엘리베이터 앞에서 발길을 멈췄다. 여전히 고개는 숙인 채다. 특실 환자는 그가 처음 입원했던 병실에 같이 있다가 옮겨간 사진작가다.

젊은 작가는 티브이 소리에도 민감했고, 말 한 마디조차 할 경황이 없을 정도로 고통스러워했다. 바짝 마른 얼굴에 유난히 돋보인 까맣고 퀭한 눈은 누가 봐도 죽음의 그림자가 덮친 모습이었다. 그랬던 환자가 특실로 옮기고 나선, 보호자가 끈 휠체어에 앉아 복도로 산책을 나왔다. '많이 좋아졌네' 나는 속으로 생각했다. 그리고 며칠 후엔 혼자서 주사 대를 잡고 걷는 사진작가와 복도에서 마주쳤다. 마침 자신의 손님을 배웅하고 들어오는 중이었다. 나는 너무 반가워 "많이 좋아지셨네요." 인사말을 건

넀다. 작가는 "좋아하는 친구들이 찾아와 관심을 받으니 좋아질 밖에요."라고 말했다. 병원에 입원한 암환자로서가 아닌 오롯이 '사진작가' 정체성을 가진 자신의 존재를 확인시켜 준 덕분이라는 말로 들렸다. 그러고 보면 그도 개인전 도록을 병원 종사자들에게 사인해 주면서 자신의 정체성과 존재를 확인하고 싶었던 것은 아닐까? 사인해 주는 일은 삶의 테두리 안에 있는 사람으로서 그의 병원생활 초반에 활력이 되었다. 인간은 모두 마지막 순간까지 타인과 연결되고, 인격을 지닌 살아있는 존재로 존중받기를 원했다.

며칠 후, 그의 작품 〈사랑〉이 걸린 벽 쪽으로 사진작가의 작품들이 전시되었다. 작품 앞에서 간호사들이 노래 부르며 작가의 생일을 축하하는 장면을 봤다. 그뒤 며칠 동안 보이지 않은 작가가 암이 뇌로 전이되어 사경을 헤맨다는 말을 들었다. 나는 복도를 지날 때마다 병실문에 붙은 작가의 이름표를 확인했다. 삶에서 죽음으로 건너는 중인 사진작가를 기억하며 무언의 응원을 보냈다.

그는 다른 환자의 나이와 자신의 나이를 비교하곤 했다. 병실문에 붙은 이름표가 계속 똑같은지에 관심을 뒀다. 처음엔 다른 환자와 달리 자신의 상태는 아직 괜찮은 편이라고 생각한 듯했다. 하지만 시간이 조금 지나자 내게 물었다. "일주일에 몇 명 죽냐?" 그러다 어느 순간부터 자신도 곧 그 숫자에 들어갈 거라는 생각으로 바뀐 것 같다. 그리고 그 시간이 언제쯤일지 확률을 셌다. 자신에게 남은 시간은 죽음을 기다리는 것밖에 없음을 괴로워했다.

그동안 그는 수면제 부작용으로 섬망이 나타났고 마약성 진통제로 의식이 혼미해졌다. '그가 5분을 자고도 깊이 잤다고 느낀다면 밤새 잠을 안 자면 어떤가?'라는 생각에 이르렀다. 편안한 죽음이 꼭 좋은 죽음이라고 할 수 있겠는가. 인간에게 주어진 삶을 감내하며 마지막 순례까지 마치는 것이 인생이지 않겠는가. 통증이 너무 심하면 삶의 질이 떨어져 통증 조절을 위해 마약성 진통제를 원하는 사람이 있고, 마약성 진통제를 맞으면 의식이 혼미해진다고 거부하는 사람도 있다. 정해진 답은 없는 듯하다. 사람마다 가치관에 따라 선택은 다를 것이다. 그래서 죽음을 맞이하는 데 철저한 준비가 필요하다. 그리고 나머지 어느 정도는 운에 따른다.

그가 완화의료와 호스피스 정보를 미리 자세히 알고 자신에게 맞는 호스피스를 요구했다면 어땠을까. 한 명씩 사라지는 두려움에서 조금쯤 벗어나 하루의 삶 안에서도 존재의 의미를 부여했다면 어땠을까. 사실 그는 현 존재 자체로 내게 의미를 남기고 있었다.

호스피스 병실생활에서 의미 있는 시간을 보내던 '봉사왕'이란 별칭을 가진 어르신이 생각났다. 처음 모셨던 어르신과 같은 병실에 입원한 환자였다.

어느날 병실에 환자 둘만 있을 때다. 의식이 없던 옆 병상의 환자가 소리를 내자 봉사왕 환자는 간호사를 불러다 주었다. 그리고 두 신학생이 옆의 환자를 휠체어로 옮겨 태우며 끙끙댈 때는 방법을 차근차근 알려줬다. 옆 병상을 지나칠 땐 환자에게 "파이팅!"하며 주먹을 쥐어 보이곤 활짝 웃어주기도 했다. 자신의 임종을 앞두고도 호스피스병원의 다른 환자에게 도움을 준다는 것에 무척 뿌듯해했다. 코로나19로 다양한 봉사를 받지는 못했지만 그 봉사왕은 마지막 삶까지 의미를 잃지 않은 존재가 되기 위해 노력했다. 그 태도는 내게도 잊지 못할 기억을 남겼다.

19일차

·
·

2월 9일

사흘간의 콜

병실에서 간호사를 부를 때는, 침상 머리맡에 호출 장치가 줄로 연결되어 침상에서도 누를 수 있다. 그동안 한 번도 사용하지 않은 호출기를 16일 만에 연속 사흘을 사용했다. 간병사의 말은 믿지 않으니 그가 어떤 증상을 보일 때 바로 간호사를 불러 직접 보게 하려고 했다.

그가 이동식 좌변기에서 침대에 오를 때 그와 나는 힘을 모아 익힌 순서대로 찬찬히 움직였다. 먼저 그의 엉덩이를 최대한 침상 안쪽으로 앉게 한다. 이어서 내가 그의 두 다리를 올리며 옆으로 돌릴 때, 그는 두 손바닥으로 침대 바닥을 짚었다. 한 번에 오르던 행동을 천천히 순서를 밟아 해야 할 몸이 됐고, 한 동작마다 점점 힘겨워했다.

밤에는 마약성 진통제 용량을 높였다. 그가 맞기 시작한 수액에 주사액을 넣어 바로 잠이 들었다. 며칠 동안 없던 효과가 즉시 반응을 보였다. 그는 약에 취해 눈은 풀어지고 몸을 잘 가누지 못했다. 그를 만나기 직전 임종을 지켰던 두 어르신의 모습이 떠올랐다. 내가 두 분을 만났을 땐 거의 의식 없는 상태를 지속하다가 그 길로 임종에 이르렀다. 그를 바라보며 '이제 정말 들어선 거구나' 하는 생각에 복잡한 마음이 들었다.

내가 처음 봤을 때 그는 침상에 누웠지만, 정신은 또렷하고 분별력이 있었다. 카리스마가 느껴지는 눈빛은 마치 호랑이 눈동자를 보는 듯했고, 뭔가를 다 아는 눈빛이면서도 온화한 감이 돌았다. 간단명료한 말투나 손짓으로도 의사를 분명히 전달한 그의 모습은 점점 사라져갔다.

잠시 정신이 든 그가 말했다.
"어디 가?"
"아니요. 어디 안 가요."
"여기서 죽는 거야?"
그의 물음에 나는 가까이 다가앉아 그의 손을 잡으며 되물었다.
"집에 가고 싶으세요?"
그는 고개를 저었다.
"여기에도 있기 싫으세요?"
그의 속내를 내가 대신 꺼냈다.

"집에도 가기 싫고, 여기에도 있기 싫으세요?"

"응…."

그가 고개를 끄덕였다.

나는 그가 가족을 매일 보면 위안이 될 거라는 생각이 들었다. 그의 둘째 아들에게 전화했다. "가족이 한꺼번에 오지 말고 나눠서 자주 왔으면 좋겠어요. 오시면 새로운 희망적인 이야기까지는 할 필요 없지만 죽음 이야기도 안 하는 게 좋을 것 같아요. 그저 즐겁게 있다 가면 좋겠어요." 그의 아들은 알겠다며 우선 자신이 매일 오겠다고 한다.

그가 "오메, 오메." 힘겨운 신음을 자주 냈다. 그리고 여전히 소변줄에 오줌 누는 것을 힘들어했다.

수난의 시간

전날 밤, 그가 뜨거운 물에 목욕하고 싶다는 의향을 비췄다. 지난번, 다른 봉사와 달리 유일하게 허용된 목욕봉사자가 와서 목욕했을 때 좋았던 모양이다. 나는 잠시 고민했다. 호스피스 정신으로 웬만하면 환자가 원하는 것을 해주겠지만 임의로 결정할 일이 아니었다. 마침 다음날 목욕봉사자가 오는 날이니 나는 간호사실에 신청해 놓겠다며 이해를 구했다.

오늘은 기다린 목욕 날이다. 하지만 목욕은 그에게 피할 길 없는 수난의 연속이 되었다.

오전 10시 30분 회진 후, 그를 목욕실로 데려가기 위해 목욕봉사자가 병실에 왔다. 그때는 의사가 그에게 중심정맥관을 어렵게 삽입해 링거줄이 매달린 상태였다. 그는 침상째 욕실로 실려가 목욕용 침대로 옮겨졌고 그의 침상은 밖으로 보내졌다. 나는 욕실 밖에서 비워진 그의 침상 시트를 갈아 정리하고 새 환자복을 준비해뒀다. 그 사이 그의 아들과 통화도 하면서 기다렸다. 그런데 욕실에 들어간 지 얼마 안 되어 목욕봉사자가 급히 나오더니 간호사를 찾았다. 중심정맥관에 삽입한 주삿바늘이 빠졌다면서. 계속 그 주삿바늘이 문제가 되는 게 마음에 걸렸다.

어쨌든 부랴부랴 목욕을 마쳤다. 환자복은 갈아입혔고 침상에 눕혀져 병실로 옮겨졌다. 연신 신음하는 그가 병실에 도착해 급히 변을 보겠다고 한다. 이동식 좌변기에 앉히자마자 그는 굵은 변에 이어 물 설사와 혈변을 쏟아냈다. 상당히 많은 양이다. 심상치 않았다. 의료진에게 보여주기 위해 한쪽에 밀어두었다. 그에게 죽음의 공포뿐만 아니라 몸 안이 이상하게 꼬였다는 느낌이 들었다.

옆 병상에 온종일 괴성을 지른 환자가 왔을 때부터 시작해서 정맥 주사 여러 번 잘못 꽂히고, 중심정맥관에 주삿바늘 여러 번 꽂히고, 목욕하면서 주삿바늘 빠지고, 혈변 쏟아내고 마지막에는 마약 진통제로 의식 상실에 이르기까지 그의 수난은 계속 이어졌다.

말기 환자의 진통제 사용에 관한 기준을 가톨릭 〈새 의료인 헌장〉에서 확인할 수 있다.

> 말기에는 통증 완화를 위해 다량의 진통제가 필요할 수도 있다. 이것이 죽음을 앞당기는 것을 포함하여 부작용과 합병증의 위험을 수반한다. 그러므로 진통제는 신중하게, 의학의 준거에 따라 처방할 필요가 있다.*

* 〈새 의료인 헌장〉, 154항

그뿐만 아니라 진통제와 진정제로 인해 임종자에게 의식 상실이 일어날 수도 있다. 이러한 경우는 특별히 고려하여야 한다.[*]

(줄임…) 심각한 임상 징후가 있다면 환자의 동의하에 의식을 잃게 만드는 약물을 투여할 수 있다.

생애 말기에 이러한 깊은 완화적 진정은, 임상적인 동기가 있을 때, 환자의 동의가 있고, 가족에게 적절한 정보가 제공되었고, 어떠한 안락사의 의도도 배제되었고 환자가 자신의 도덕적·가정적·종교적 의무를 완수하였다면 도덕적으로 용인될 수 있다.[**]

임종자에게 의식 상실을 일으킬 수 있는 약물을 투여하기 전에도 마찬가지다. 임종자에게 진통제와 진정제 용량을 높이면 의식을 잃고 더는 깨어나지 않을 수도 있다는 설명을 해줘야 한다. 자신이 이제 죽음으로 넘어가는 단계에 왔음을 알았다면, 진통제로 인해 의식을 잃을 가능성이 있다는 것을 알고 수용했다면, 세상과 마지막 인사하고 떠날 채비를 마쳤다면 조금은 평화롭게 임종을 맞이했을까? 생명의 복음 65항에서는 이렇게 말한다.

온전한 의식 상태에서 하느님과의 결정적인 만남을 준비할 수 있어야 합니다. 그러므로 중대한 이유 없이 임종자의 의식을 박탈

---

[*] 참조: 〈안락사에 관한 선언〉, Ⅲ《사도좌 관보》 72(1980), 548쪽
[**] 〈새 의료인 헌장〉, 155항

해서는 안 됩니다.

어쩌면 그가 인간으로서 마지막 순간에 누릴 권리를 박탈한 것은 아닌가? 그가 몇 번이고 "지금이 그때냐(임종)"고 묻지 않았던가!

아직 의식이 있는 이때 그에게 말할 기회가 있었다. 급속도로 상황이 변할 줄이야, 한 치 앞도 알지 못했다.

2시 30분쯤 그의 눈은 또렷해졌는데, 무슨 생각이 들었는지 내게 확인하듯 말했다.

"여기 뭐 하는 곳이야?" 그러자 내가 반문했다.

"힘드셨죠?"

"응. 집에 전화해봐."

그는 오전에 있었던 일들로 위기감이 들었는지 부인을 찾았다. 하지만 부인이 운영하는 약국에 있다는 말을 듣자 바로 "알았다"며 수긍하곤 전화를 끊으려고 한다. 뭔가 원하는 것이 있어서 전화했을 텐데…. 평소 부부의 모습을 본 듯했다. 그는 늘 부인의 자리를 인정하고 간섭하지 않았던 것일까? 나는 그의 휴대전화를 받아서 부인에게 말했다. "소변줄을 단 것 때문에 힘들어하세요. 말씀 좀 잘해 주세요." 그리고 다시 그에게 전화를 건넸다. 그의 부인이 "가만히 소변줄 하고 있어."라는 말에 그가 알았다는 듯 눈을 껌벅이며 귀담아들었다. 부인과 통화하고 나선 잠깐 소변 얘기를 하지 않았다. 곧 다시 소변줄을 빼달라고 호소했지만.

그가 소변줄은 잠시 잊고 앓는 소리를 내며 "오메 오메! 정용예! 오메!"하고 부인 이름을 부르짖었다. 그만큼 그는 부인에게 의지했다. 나는 부인에게 전화를 걸어 그와 통화하라며 그의 귀에 전화기를 대주었다. 그의 부인이 말한다.

"당신이 하느님 곁에 가 있으면 나도 뒤따라가."

"…." 그는 가만히 들었다.

나는 그에게서 휴대폰을 받아 들고 병실 밖으로 나와 부인에게 말했다.

"어르신께서 죽을 날을 기다리는 것으로 생각하세요."

"왜 그렇게 생각해. 남은 시간 잘 보내는 거지…."

부인은 혼잣말처럼 안타까움을 표현했다.

"그렇게 생각 안 하세요."

"에고…."

"전화를 자주 하시면 좋을 것 같아요."

"일부러 안 했어요…. 손주하고 자식만 찾으니 내가 안 해도 되는 줄 알았지… "

그의 부인은 자제한 모양이다. 이유는 더 묻지 않았다.

의사의 은밀한 대화

의사는 그가 혈변을 쏟아냈다는 보고를 듣고 급히 병실로 달려온 눈치였다. 그리고 그의 잇몸과 눈 밑을 살폈다. 하얘졌다. 나는 의아해서 물었다.

"왜 잇몸과 눈 밑이 하얗죠?"

"혈변을 쏟아서 빈혈 때문에 그래요."

나는 의사의 말을 곧이곧대로 들었지만, 분위기가 심상치 않았다. 의사는 내게 다시 물었다.

"자녀들은 온다고 하나요?"

"네. 내일도 오기로 했고, 매일 온다고 했어요."

"그러면…."

이때부터 의사는 간호사에게 은밀히 얘기하다가 복도로 나가서 좀 더 이야기하더니 사라졌다.

의사가 소변줄을 계속해야 한다고 말하고 나간 후 그는 의사의 처방에 불만을 표현했다.

"자기 거 한다는데, 왜 못하게 해."

그러면서도 "여기 최고라고 그랬어."라며 자기 위로를 했다. 그가 내게 소변줄을 빼달라고 하는데 마침 식사가 왔다.

"아버님, 식사하세요."

"밥 안 먹어." 그답지 않은 시위였다.

나는 그의 임종이 다가왔음을 직감하고 원하는 대로 소변기를 대주었다. 소변은 나오지 않았다. 어쨌거나 그는 식사를 조금 했다. 그가 다시 한번 소변기에 대고 한참 힘을 주더니 말했다.

"소변이 안 나와. 죽을 때가 왔구나." 그는 그제야 힘준다고 소변이 나오는 게 아니라는 걸 인식했다. 그때 또 한 번 무너진 것 같았다. 그리곤 뭔가 잘못되어간다는 느낌의 목소리로 "여기, 복잡해."라며 혼란스러워했다.

"방법을 모르겠어. 이것저것."

"제가 알려 드릴까요?"

"아니."

"나중에 알고 싶을 때, 말씀하세요."

나는 그가 스스로 소변을 보지 못하는 걸 인정하고 소변줄을 받아들이라는 말을 하려고 했다. 그러나 이때는 그도 알았지만, 소변줄에 연연할 경황도 없이 죽음으로 향해, 시간은 내달렸다. 그래도 그는 아직 내가 체위를 변경해줄 때 몸을 달싹여주었다.

나는 그를 두고 식당에 가는 게 내키지 않아 그가 거의 손대지 않은 죽을 한 숟가락 뜰 참이었다. 오전 회진 때만 들르던 코디네이터가 어색한 미소를 지으며 병실을 기웃거리더니 그를 한번 쓰윽 살피곤 이내 나가버렸다. "뭐지? 대체?" 궁금했지만 병원에선 점점 말을 삼갔다.

문 열어

그가 먹고 싶다며 알 수 없는 음식을 내게 주문했다.

"가섬메"

나는 최대한 또렷이 듣고 인터넷 검색을 했지만 그런 음식 이름은 나오지 않았다.

"없으면 사와. 먹고 싶어."

"네, 알아볼게요."

임종에 가까워지면 먹고 싶은 음식을 찾고, 그것을 맛있게 먹는 걸 여러 번 봤다. 그도 그런 거라면 어떡해서든 '가섬메'라는 음식을 찾아야만 한다. 그의 아들에게 '가섬메'라는 단어를 말하면 단서가 나오지 않을까 싶었다. 그런데 그가 이상한 말을 이었다.

"문 열어. 셋째 오라고 해."

셋째는 오래전에 죽은 그의 막내아들이다.

저녁 7시 20분쯤이다. 핫팩을 데워 복도로 막 들어서는데 병실에서 나를 부르는 그의 목소리가 들렸다. 처음 있는 일이다. 나는 잰걸음으로 얼른 그에게 다가가서 말했다.

"네, 저 여기 있어요."

"니가 최고다!"

"사랑합니다, 감사합니다. 아버지."

그는 곁에 아무도 없이 혼자 있는 것이 두려웠던 것일까.

저녁 식사 때였다. 식당에 가서 밥 먹고 오겠다고 그에게 말했다. 혹시나 해서 간호사실에도 말하고 갔다. 식사를 마치고 올라오니 간호사가 웃으며 말한다. "에고, 환자분이 그새 여러 번 콜했어요."

그동안 하지 않은 행동이다. 잠깐 사이 그가 세 번이나 콜을 눌러 간호사가 계속 왔다. 내가 식사하러 가기 직전 그가 이동변기에 변을 봤다. 구내식당의 식사시간이 끝날까 봐 뒤처리는 다녀와서 하려고 그대로 뒀다. 그런데 그가 간호사를 불러 화장실에 또 가겠다고 하는 바람에 치우지 않은 변기의 상태를 수간호사가 보게 됐다. 나는 하필 처음으로 미룬 일이 들킨 것 같아 순간 "어머, 벨을 누르셨어요!"라며 볼멘 목소리로 말했다. 참으로 얄팍하다.

그는 잠깐이라도 아무도 없는 게 무서웠던 것 같다. 죽음이 바로 곁에 왔다는 것을 직관했는지도 모른다.

정해진 수술 날짜를 기다리는 것도 아니고, 언제 올지 모를 죽음에 불안을 느끼는 그를 보면서 과연 자신의 시한부 날짜를 아는 것이 옳은 일인가? 하는 회의마저 들었다.

나라면 얼마 남지 않은 삶을 정리할 시간 갖기를 원한다. 더 바라는 것은 몸을 움직여 밥 짓고 먹고 청소하는 작은 노동의 일상과 글쓰기에 집중하며 죽음을 맞이하듯 잠자리에 들고자 한다. 다음날 새로 태어나 또 오늘을 살아가는 것. 매일 생과 사를 오가다 보면 생을 마칠 때 황망히 떠나는 일은 없으리라.

그래서 호스피스는 환자에게 죽음을 알리기 전 그 사람의 정체성과 가치관 그리고 무엇이 그에게 삶의 가치를 만드는지 알아야 한다. 나는 이번 호스피스에서 그에게 했던 일들이 과연 올바른 일이었는지 의문이 들었다.

나의 엄마는 암투병을 하면서 특별히 자신의 삶을 정리하지 않았다. 정식으로 유언을 남긴 것도, 옷장의 많은 옷을 정리한 것도 아니었다. 유언 한마디 듣지 못한 것은 나로선 아쉬운 일이다. 어쨌든 엄마는 평소와 같은 일상을 보냈다. 이모랑 큰언니와 화투를 치거나 친정에 온 딸들에게 참기름이며 깨소금, 고춧가루를 나눠주었다. 그러다 상태가 악화되어 집 근처 의료원에 입원했고 며칠 만에 돌아가셨다. 죽음을 맞는 데 정답은 없다. 사람마다 다양한 상황과 여러 변수가 생긴다. 그래서 남은 사람은 잘하든 못하든 언제나 아쉬움이 남기 마련이다.

함께 셀카를 찍었다. 내 옆에서 그는 살짝 이를 보이며 힘껏 웃어 보였다. 마침 아들 부부가 왔다. 그가 방금 사진을 찍은 연상 기억으로 "사진 찍어."라고 말한다. 독사진을 찍었다. 카메라 앵글을 보는 그의 안색은 혈색이라고는 전혀 없었고, 약간 풀어진 눈빛에 입은 애써 어색한 미소를 지었다. 사진을 찍은 행위도 섬망 때처럼 무의식적인 행동처럼 보였다.

그의 아들은 자신의 부인을 데려다주고 다시 오겠다고 한다. 이곳은 그의 식구들이 오기엔 외졌고 승용차가 없으면 불편했다. 그래서 아들은 가족들을 데려오고 데려가는 일을 여러 번 했다.

죽음에 다가가는 몸짓

그는 사지를 꿈틀대며 몸부림치고 어깨와 얼굴, 턱을 끊임없이 움직여댔다. 물에 적신 거즈로 눈과 얼굴에 지압을 해주었다. 잠시 진정되는 듯하더니 이내 깨어 "오메!" 신음과 함께 몸부림을 쳤다. 울음으로 자신의 심경을 나타내는 갓난아기와 같다. 불안한 아기. 세상 젖줄을 떼기 위한 임종 고통이었다. 어찌나 몸부림을 치는지 침대 왼쪽 위 모서리엔 머리가, 오른쪽 아래 모서리엔 발이 놓인 채 몸은 뒤틀어졌다. 마치 답답한 침대를 벗어나려고 버둥대는 것처럼 보였다. 시트는 계속 밑으로 내려오고 엉망이 됐다. 그때마다 나는 몸을 바로 해주려고 했지만 이제 그는 더 이상 몸을 달싹여 주지 못해 내 힘만으론 감당하기 힘들었다.

한번은 코디네이터가 들어왔기에 부탁했다. 코디네이터도 그의 침상 광경이 거슬렸다는 시늉을 보이며 흔쾌히 도와줬다. 이내 소용없었다. 급기야 나는 간호사들이 그리도 중요하게 생각한 침상이 좀 흐트러져도 크게 신경 쓰지 않게 됐다. 몸부림은 끝간데 없이 계속되었다. 얼굴에 온찜질을 해도 더는 효과가 없다는 게 수건을 타고 내 손끝으로 느껴졌다.

임종의 고통 속에서 그는 왜 그토록 괴로워하며 몸부림을 쳤을까? 통증의 고통이었나? 죽음 앞에 맞선 두려움의 고통이었나? 아니면 몸 안이 꼬이고 통증 조절약이 강해서 몸이 감당하기엔 견디지 못할 버거움이었나? 그의 몸부림은 내게는 죽음이 다가올수록 죽음을 거부하는 고통의 몸짓처럼 보였다. 진실은 그만이 알겠지.

의사는 그의 상태를 보고 "가족이 아직 안 왔냐"며 내게 물었다. 그의 아들은 그의 큰손자의 중요한 일정이 끝나면 함께 데려오겠다고 했다. 의사는 그의 고통을 줄이는 조치를 하기 전에 가족을 만나고 싶어했다.

현 상태를 더 지속하는 것이 환자에게 고통스러운 시간만 늘일 뿐이라는 판단은 의사의 양심에 따라야 할 일로 놓였다.

그는 더 이상 식사를 하지 못했다. 의식이 점점 몽롱해지면서 먹는 식사는 의미가 없다고 의사가 말했다.

20일차

·

·

2월 10일

세상 젖줄을 떼기 위한 임종 고통

그가 그토록 기다렸던 큰손자가 왔다. 그러나 그는 이미 말은
하지 못했고 두 눈은 초점 없이 허공을 떠돌았다. 어깨를 크게
들썩이며 괴로워하는 그의 손을 양쪽에서 잡고 손자와 아들은
기도했다. 기도가 끝날 즈음 그의 몸부림도 잠시였지만 잠잠했
다. 손자는 한참동안 할아버지를 위해 기도하고 돌아갔다. 그의
둘째 손자와 큰며느리가 다녀갔다. 그녀는 눈이 벌겋게 되어 눈
시울을 훔쳤지만, 그와 대화하지는 못했다.

 아들은 그의 곁에 남았다. 마지막까지 함께 해주기를 바라던
그의 마음을 아들은 지켜주었다. 내가 모셨던 어르신이 '가족에
둘러싸여 평온히 임종했다'는 이야기를 그가 듣고 "나도 그렇
게 해줘"라고 한 말을 아들에게 전했다. 아들은 평상시 아버지
를 잘 안다며 소란스러움을 싫어한다고 했다. 평소 원하는 죽음
을 자녀들과 자주 대화를 나누거나 글로 써 놓으면 실제 상황을
겪게 됐을 때 자녀들이 당황하지 않고 일을 진행하는 데 도움이

된다. 그의 마지막 시간은 온 가족과 함께하지 못했지만, 아들과 내가 그의 곁에 머물렀다.

나는 내가 사용한 보호자 침상을 그의 아들에게 내주었다. 창가 쪽 긴 의자에 자리를 잡은 나는 병상 쪽으로 조금 당겨 앉았다. 그리고 움직임이 없는 그의 왼쪽 손을 두 손으로 감싸쥐고 침상 언저리에 얹은 채 그를 바라보며 마음속으로 격려했다. 내 아버지에게 그랬던 것처럼. 아들은 그의 오른쪽에서 아버지의 얼굴과 몸을 쓰다듬으며 계속 말을 걸었다. 의식이 혼미할지라도 혼자가 아님을 느끼게 해주려고 말한다.

"아빠! 저예요. 제가 옆에 있으니 괜찮아요!"

나는 허리 숙여 그의 귀에 대고 힘주어 말했다.

"사랑합니다. 감사합니다."

생애 끄트머리에 이른 이 시간, 여전히 '당신은 한 인격체로서 존중받는 존재'라는 것을 전하고 싶었다.

수액을 통해 진통제가 투여됐다. 그의 인중과 윗입술은 퉁퉁 부어올랐다. 눈은 가느다랗게 열렸고 입은 벌어진 채 가래를 끓으며 힘겹게 숨을 이었다. 그를 계속 불편하게 했던 헌 코는 메말랐고 입안도 바짝 말라 답답해 보였다. 나는 거즈에 물을 묻혀 코밑에 댔다.

이제 그에게 해줄 일은 곁에서 따스한 손길을 놓지 않는 것뿐이다. 가족들이 있었다면 주변으로 물러났을 테지만, 나는 그의 아들과 밤새 양쪽에서 그를 지켰다.

잡은 손을 내려다보니 그의 손톱을 깎을 때가 생각난다. 새끼 손톱 끝은 살과 붙어 있어 바짝 자르지 못했다. 새끼손가락 끝은 유난히 휘었고 길었다. 탄력 없는 손등의 살가죽은 늘어진 채 얇고 불그스름한 빛을 띠어 혈관이 투명하게 보였다. 특이한 아름다움마저 깃들었다. 내 손이 다른 일을 하지 않을 땐 가만히 곁에 다가앉아 자연스레 그의 손을 잡았다. 그가 악몽에 시달릴 때도 죽음의 그림자에 휩싸여 있을 때도 그랬다. 어떨 땐 그가 먼저 손을 내밀 때도 있었다. 그러면 손을 마주잡고 씨익, 웃었다.

21일차

●

●

2월 11일

턱 근육으로 숨 쉬며 버텨내는 생

그가 혼수상태에 빠지면서 나는 거의 메모조차 하지 못했다. 간호사들이 번갈아가며 가래를 빼려고 다녀갔지만, 그는 여전히 그렁그렁한 숨소리를 내며 시간은 지나갔다.

아들과 그의 이런저런 이야기를 나눴다. 그가 책을 좋아해 자주 집 근처 서점에 가서 산 책이 많다고 한다. 그가 어떤 책들을 읽었을지 궁금하다. 아들은 언제 한번 집에 와서 책들을 보고 가져가도 좋다고 했다.

그는 맛있는 음식을 즐기는 사람이었고, 그래서인지 단골 식당에 '사랑'이란 작품을 기증했다. 하지만 그 작품은 호스피스병원으로 되가져왔고 대신 다른 작품을 보내주었다. 그는 문화와 예술을 즐길 줄 알았지만 그에 걸맞게 가족들이 많이 따라주질 못했다. 손자와 며느리와 함께 카페도 가고 술도 마시고 대화도 하면서 잘 통한 듯하다.

나는 그의 글씨가 고리타분하지 않으며 내게 예술적 감흥을 주었다는 얘기, 도록을 펼쳐보며 그가 들려준 이야기가 좋았다는 얘기, 그는 가르침 주는 것을 좋아했고 나는 가르침 받는 것을 좋아해서 잘 통했다는 얘기를 했다. 그의 도록에 실리기도 했던 윤동주 시인의 '서시'를 좋아한다고 말했더니 아들은 그가 쓴 '서시'가 집에 있으니 가지라고 한다. 나는 무척 기뻤다. 그리고 그가 섬망 상태에서 일어난 이야기도 했다.

아들은 한 인간으로서 그가 살아온 이야기를, 나는 병원에서의 에피소드를 들려주며 웃었다. 그 웃음엔 그를 '이해'한 '사랑스러운' 마음이 가득했다.

아들은 부모에게 의지하지 않고 삶을 잘 일궈온 듯하다. 사회복지사가 그의 삶을 정리하는 의미로 아들에게 그의 '재산 정리'를 얘기했단다. 그는 남긴 재산이 없어 정리할 것도 없으며, 연금은 용돈으로 잘 쓰고 통장 잔고가 0원이라고 한다. 그의 명의로 된 재산은 없다는 뜻이다. 객관적으로 봤을 때 상위 1퍼센트로 잘 살았다고 그의 아들은 웃으며 말했다.

어쩌면, 그는 '소유'보다는 '존재'로서 살았던 '자유인'이었다는 생각이 들었다. 그의 아들은 삶에서 얻은 경험으로 지혜로웠고, 자신이 하는 일에 소신과 자신감이 가득 찼다. 거기엔 사랑하는 부인과의 소통과 내조가 큰 역할을 하는 인상을 받았다.

이야기 끝 무렵, 나는 내가 한 일과 앞으로의 계획을 얘기했다. 그의 아들은 자신의 경험을 말하면서 필요하다면 도와주겠단다. 아버지의 곁을 도왔던 내게 고마움을 표현한 마음이리라. 그래서 고마웠다.

그가 두런두런 이야기하는 우리의 소리를 좋아했을까? 그랬을 것 같다.

그의 몸부림은 그쳤지만, 어깨는 밤새 움찔거렸다. 막바지에 이른 그는 턱으로 숨을 쉬었다. 근육의 힘이 다 빠질 때까지 그럴 거라고 간호사가 말했다. 최소한의 기력만 남아있어도 숨은 쉬었다. 그는 턱 근육으로 숨 쉬며 생을 버텨냈다. 그의 아들은 틈틈이 아버지에게 말했다.

"멋졌어요. 잘하셨어요. 하느님 나라에서 동생 만나고요. 엄마와 우리 모두 가서 살게, 큰집 짓고 기다리고 계세요. 자식들 잘 키우고 손주들 다 잘되었으니 잘하셨어요. 또 만나요."

숨이 곧 멎을 위기가 왔다. 아들은 쏟아냈다.

"아빠! 잘 사셨어요. 큰집 짓고 기다리세요! 엄마하고 조카는 제가 잘 챙길게요. 가면 만나요!"

"저도, 끼워 주세요."

"네, 유 마리아 자매님도요."

밤이 깊어지면서 얇게 가래 끓는 소리와 그의 호흡은 더 힘겨워졌다. 아들은 그의 노부인에게 전화를 걸어 마지막 인사를 하도록 그의 귀에 전화기를 대주었다. 왼쪽 눈은 뜨지 못했지만, 살며시 열린 오른쪽 동공은 부인의 목소리를 주시하는 듯했다. 노부인의 목소리는 전화선을 타고 좀 더 들렸다.

"이제 전화를 끊으세요."

아들의 음성으로 세상에서 부부의 만남은 끝을 맺었다. 그의 아들은 계속 전화를 돌렸다. 며느리가 마지막으로 인사하는 목소리를 들려주고, 그 다음은 섬망 상태에서조차 사업을 염려한 큰아들의 마지막 음성을 들려줬다. 큰아들 주변에 말소리는 전화선으로 정확하지 않았다. 그가 가족의 음성을 알아듣는지 어떤지 그의 동공은 점점 흐려졌고 가래 끓는 소리와 호흡 소리만 힘겹게 흘러나왔다. 그래도 아들은 다시 전화를 돌려 그리도 애달팠던 막둥이 손자와 셋째 며느리의 마지막 목소리를 들려주고, 맏손자의 음성으로 가족의 인사는 모두 끝이 났다.

22일차

●

●

2월 12일

마침내 해냈다

그의 아들과 나는 뜬눈으로 밤을 지새며 그를 지켜봤다. 밤새 가래 끓는 소리는 조금 부드러워졌다. 힘겹게 움직인 턱 숨은 점점 잦아들었다. 그의 턱이 멈춘 듯하다가 다시 한번 크게 숨을 들이쉬다가 중간에 뚝, 한 번 멈추다가 끝내 턱 숨은 멈췄다. 2021년 2월 12일 새벽 6시 17분. 그는 결국 해냈다. 삶의 마지막을.

그의 아들은 평소 듬직한 대로 아들의 역할을 충실히 해냈다. 가족에게 그의 임종을 알리는 일, 빈소를 정하는 일, 앰뷸런스를 부르는 일, 정리한 짐을 차에 싣는 일 등을 모두 일사불란하게 진행했다.

나도 정신을 가다듬었다. 수세하러 사람들이 오기 전에 그의 침상 주변을 깨끗이 정리했다. 미리 차에 싣도록 그의 짐도 정리했다. 이곳에 오면서 가져왔지만 한 번도 먹지 않은 유동 음료. 그가 지겨워했을 것 같아 버리듯이 바닥에 두었다. 그것을 아들이 챙겼다. 어떤 이유인지는 모른다. 어쩌면 싫든 좋든 아버지와 연관된 것이기에 챙겼을 것이다.

그의 아들이 짐을 싣고 장례절차를 알아보는 동안 병실에는 임종한 그와 나만 남았다. 그가 누운 병상 옆에 내가 섰다. 이젠 온갖 고통의 움직임에서 벗어난 그를 바라보는데, 수세를 하러 사람들이 들어왔다. 간호사들이 수세 준비를 한다. 수건으로 그의 몸을 닦기 시작했다. 나도 그의 수세를 돕도록 배려해주었다. 내게도 수건을 주어 그의 한쪽 다리를 닦았다. 흔들리지 않도록 그의 머리도 잡아주었다. 수세 진행자는 몸을 다 닦은 후 속옷을 입히고 준비해둔 와이셔츠와 양복을 입혔다. 옆에서 간호사들이 도왔다. 넥타이는 생략했다. 마지막으로 양말을 신겼다. 나는 그의 한쪽 양말을 신겼다.

'좋았다'라는 한 마디로 삼킨 말

수세를 거의 마칠 무렵이었다. 함께 있던 신부님은 손자가 그에게 다녀갔는지 물었다. 하지만 그의 아들은 경황이 없어 그 말을 미처 못 들었다. 얼른 나는 "네, 다녀갔습니다."라고 말했다. 신부님이 내게 물었다.

"어땠어요?"

이 물음에 나는 그동안의 일들이 북받쳐올라 뭐라 표현하기가 어려웠다. 그래서 한마디로 대답했다.

"좋았어요."

옆에서 수녀님이 거들었다.

"뭐가 좋았어요?"

"두말할 필요 없이 좋았어요."

나도 그가 '엄지 척'을 해보였듯 '좋았다'라는 한 마디로 많은 말을 삼켰다. 하지만 다른 사람들은 이해하지 못했다. 신부님은 내 말을 나무라듯 조용히 말했다.

"고생하셨지요."

혼자 태워 보낸 앰뷸런스

그의 아들이 계획했던 장례식장은 차질이 생겨 다른 곳으로 바뀌었다. 가족들은 곧장 장례식장에 오기로 했다. 앰뷸런스가 와서 그를 데려가기로 했다. 내 짐을 옮기려 아래층으로 내려갔는데 지체된 앰뷸런스를 기다리는 중이라며 신부님과 수녀님이 로비에 있었다. 나는 예전 성당에서 있었던 일이 떠올랐다.

미사가 끝나고 한 자매가 연도(煉禱, 연옥에 있는 영혼을 위하여 기도)하러 가자고 해서 나는 그녀를 따라 영안실로 갔다. 신자 한 사람이 영면에 들면 빈소가 마련된 성당에서는 신자들이 모여 지역별로 계속 연도를 한다.

고인이 빈소에 들어온 지가 얼마 안 되었는지 상주 한 사람밖에 없는 너무도 썰렁한 빈소였다. 영정사진 속 주인공은 장애인이었는데 쓸쓸하게 죽음을 맞이했다는 말을 들었다. 가족은 없었고 다른 지역에 산 친척이 가끔 들여다보곤 했는데, 그나마 신자인 친척이 고인이 살던 지역 본당에 부랴부랴 연락해 빈소가 차려진 모양이었다.

또 며칠 뒤 한 할머니 자매의 연도에 참석했다. 빈소는 며칠 전과 달리 사람들로 북적거렸다. 주일교사였던 한 자매가 상주 자리에 앉은 모습이 눈에 들어왔다. 신자들이 연도하는 동안 마침 주임신부님과 보좌신부님도 와서 조의를 표했다. 주일학교를 담당한 보좌신부님은 청년들을 빈소에 데려오기도 했는데 그도 그럴 것이 함께 활동한 친교가 있어서인 듯했다.

나는 두 죽음의 빈소 풍경이 비교되었고 많은 생각이 들었다. 삶에서도 마찬가지지만 죽음 이후에도 인간관계 맺음이 얼마나 중요한가를 절감했다. 신앙 공동체도 사람 사는 곳이라 봉사하며 관계를 맺은 신자들의 빈소는 아무래도 문상객이 더 찾아왔다. 조촐하게 가족장을 원하는 장례문화도 있으니 사람 수로 확언할 일은 아니지만, 평소 신앙 공동체의 관계 맺음이 중요하다는 생각이 든다. 혼자 살았던 젊은 장애인, 가족과 함께 살았던 어르신. 두 사람의 임종을 맞이할 당시를 나는 알지 못한다. 하지만 한 사람의 인간적인 죽음을 위해 신앙 공동체의 역할이 가능하리라는 확신을 얻었다. 본인 의지로 교회 공동체 일에 참여하는 자원봉사자와는 달리 소외된 특히 홀로 사는 장애인은 교회 공동체에 직접 접근하기가 어렵다. 그래서 본당 신부님과 사목 임원 그리고 평신도의 관심과 역할이 절실했다.

마침내 앰뷸런스가 도착했다. 그를 침상에서 앰뷸런스 침구에 옮겨 실었다. 그의 아들은 자신의 차를 끌고 가야 해서 앰뷸런스 안에는 그와 운전자뿐이었다. 그를 싣고 떠나는 구급차를 향해 신부님과 수녀님 그리고 당직 간호사들과 나는 깊이 허리를 숙여 인사했다. 홀로인 채 멀어져가는 그가 정말 이 세상과의 연이 끊어진 것 같아 마음이 씁쓸하고 휑했다.

분노와 상실의 슬픔 사이, 어딘가에 있었다

나는 병실로 되돌아왔다. 그리고 그가 떠난 빈 침상을 한참 바라봤다. 환자가 나가고 나면 위생원이 청소를 하고 남은 물품을 당직 간호사가 점검한다. 하지만 나는 202호 빈 병실을 직접 정리하고 싶었다. 쓰레기통을 비우고 화장실을 살폈다. 남은 휴지와 기저귀며 물품을 간호사실에 반납하고 꼼꼼히 청소했다. 정리를 끝내고 난 시간은 8시 40분이다.

이제 텅 빈 병실에는 그의 슬리퍼만 덩그러니 남았다. 예전 병원에서 생활할 때부터 신은 것인데, 때가 꼬질꼬질했다. 나라면 체면 때문에라도 새로 살 법한데 그는 큰아들에게 '그 슬리퍼'를 가져오래서 사용했다. 그런 것쯤은 체면 축에도 들지 않았나 보다. 막상 신으면 꼬질꼬질한 안쪽 바닥은 발에 가려져 멀쩡해 보였다. 병원 여기저기로 다녔던 슬리퍼에서 그의 존재를 확인하듯 시트마저 벗겨진 침대 위에 올려놓았다. 그리고 병실 안팎 풍경을 모두 담은 사진 한 컷을 내 마음에 담았다.

그의 흔적은 다 사라졌고, 창밖은 유난히도 많이 내린 눈이 나뭇가지에 남아 고즈넉하다. 나도 이젠 집에 가기 위해 병실 문 밖으로 나왔다. 떠나기 전, 202호실에서의 추억이 된 그와 나에게 인사를 고했다. 마음 밑바닥에서 올라오는 분노와 상실의 슬픔 사이에서 내 마음은 울었다. 호스피스에서의 시간. 어차피 얼마 안 남은 삶이 조금 앞당겨진 시간일 뿐이라고 감히 말하겠는가. 죽음을 기다리는 시간이 하루를 버티는 삶일지언정 그에게 또는 남은 사람에게 어떤 의미로 주어진 시간은 아니었을까? 그 시간을 사람들의 실수로 잃게 했다면? 내 아버지의 임종 소식을 듣고 장례식장으로 가기 전, 아버지가 마지막까지 있던 격리실로 가서 아버지의 흔적을 확인하며 느꼈던 감정과 같았다.

병실 문을 닫고 걸어 나갔다. 마음 한편에서 또 다른 목소리가 들렸다.

그가 그렇게나 더 하고 싶었던 삶.
삶이 얼마나 좋은 것이기에
그 시간이 내게 있으니
찬란한 삶을 살아보겠다.
두려움과 여한 없이 용기를 내겠다.
하느님, 감사합니다.

제3부
남은 인생, 어떻게 맞이할 것인가
마지막 '편안한 죽음'을 맞이하기 위한 기록

하루

세 번째 어르신의 임종 후 간병사 일은 끝을 맺었다.

2월 13일. 어르신의 빈소를 찾았을 땐 코로나19 여파인지 조문객이 많지 않았다. 어르신의 영정사진은 60대 무렵의 풍채가 크고 근엄한 모습이다. 아무래도 내겐 88세의 어르신이 더 친근하게 느껴졌다. 어르신과 상주에게 예禮를 올리고 유가족실에 있는 노부인을 찾아 인사를 드렸다. 노부인은 추위로 차가운 내 손을 따스한 손길로 잡아주었다. 잠시 후 입관식에 참여하기 위해 모두 입관실로 내려갔다. 장례지도사가 수의를 입히고 입관준비를 하는 동안 성당 연령회에서 주관하는 기도소리가 잔잔하게 울려 퍼졌다. 특히 어르신의 노부인과 막내 손자 그리고 나이 든 성당 자매가 눈시울을 붉히며 애통해했다. 신앙심이 깊어 보인 자매가 "이렇게 빨리 돌아가실 줄이야…"하며 어린아이같이 우는 모습에서 어르신의 성당 교우들과의 관계를 가늠해본다. 입관한 어르신에게 다가가 가족부터 한 사람씩 마지막 인사를 했다. 어르신의 아들은 내게도 인사를 하라며 안내했다. 어르신의 가족들은 나를 따뜻하게 대해주었다.

2월 14일. 성당에서 장례미사를 마치고 화장터로 가 한 줌의 재가 된 어르신은 묘원에 묻혔다.

꽃이 활짝 피는 봄이 오면 찾아오겠노라고 마음속으로 인사를 남기며 내려왔다.

그 후, 일상을 살아내고 글을 쓰면서 그동안 겪은 많은 사별로 묵은 상실 감정이 일어나는 나를 마주하며 애도의 시간을 보냈다. 그러면서도 노인의 인간적인 죽음에 관한 생각은 머릿속에서 떠나지 않았다.

가까이서 생애 말년을 보내는 어르신들의 삶을 좀 더 경험하고 싶었다. 거동이 불편한 어르신 집으로 찾아가서 돌봄 하는 일을 3개월, 치매나 신체가 불편한 어르신을 온종일 돌봄 하는 주간보호센터에서 7개월을 일했다.

10개월간 체험은 다양한 상황에 부닥친 어르신들을 이해하는 데 큰 도움이 되었다. 노인장기요양등급이 나온 어르신들은 집이나 주간보호센터에서 신체와 정서 돌봄 서비스를 받는다. 상태가 더 악화하면 대체로 요양원이나 요양병원으로 갔고, 그곳에서 임종에 이르는 경우가 많았다. 사실 노인의 인간적인 죽음을 위한 준비와 돌봄 시기를 언제부터 해야 적합한지 무 자르듯 정하기는 어렵다. 어르신들이 대개 돌봄 서비스를 받는 이때부터 임종의 질로 이어졌다.

천년 같은 하루를 보내는 어르신부터 위태로운 하루살이를 이어가는 어르신까지. 현실에서 건강과 경제, 정보, 안전, 관계의 문제에 따라 어르신들에게 주어지는 하루가 달랐다. 인생의 순례를 잘 마치는 데는 하루하루 깨어 보내는 것이 중요했다. 세상 돌아가는 순리에 따라 인간적인 삶의 끝과 죽음을 맞이한 할머니의 이야기로 마무리하려고 한다.

우리 임대 아파트 단지엔 홀로 사는 어르신과 장애인이 많이 산다. 같은 단지의 성당 교우인 어르신들과 반 모임을 했는데 코로나19 때문에 한동안 중단됐다. 그러다 근래 거리 두기가 조금 풀릴 때다. 마침 두 아들이 독립해 나가면서 혼자 사용하기 편리하도록 집구조를 정리한 덕분에, 가깝게 지낸 85세 골롬바 자매님(교우)을 초대했다. 오랜만에 만난 자매님은 놀라운 소식을 전했다. 얼마 전 자매님이 비슷한 연배의 어르신과 혼배성사를 했다는 거다.

나는 근래 다시 읽은 카뮈의 《이방인》이 생각났다. 20대 초반에 읽었을 땐 놓친 마지막 장면이다. 주인공 뫼르소가 엄마의 장례식에서 울지 않은 이유가 그려졌다.

'어머니가 늘그막에 왜 약혼자를 두고 삶을 다시 꾸리려고 했는지 이해할 수 있을 것 같았다. 생명이 사그라져가는 그 양로원

언저리에 찾아드는 저녁은 서글픈 휴식 같은 것이었으리라. 그렇게 죽음에 가까이 이르러서도 어머니는 해방된 느낌으로 이 세상을 다시 살아볼 마음을 가졌음이 틀림없었다. 그런 어머니의 죽음을 슬퍼할 권리가 내게 없다.'

나는 비로소 뫼르소의 독백을 이해했다. 마지막까지 지금의 삶을 온전히 살아낸 죽음은 축복임을.

그래서 85세 골롬바 자매님의 용기에 크게 웃으며 축하 박수를 보냈다. 세상의 시각으로 보면 그 나이에 노인이 무슨 부귀영화를 누린다고 결혼을 하냐는 뒷말도 있는 듯했다. 하지만 자매님은 신부님을 찾아가 하느님께 보고해야 하지 않겠냐며 하루를 살아도 혼인의 의미인 사랑과 책임을 다하겠다는 약속을 한 것이다. 얼마나 사랑스럽고 멋진 일인가!

집이 담소를 나눌 분위기로 바뀐 덕분인가, 며칠 후 골롬바 자매님이 위층에 왔다가 혹시나 해서 들렀다며 벨을 눌렀다. 나는 반색을 하며 과일과 차를 내오고 마주 앉았다. '인간적인 죽음을 위한 가정 임종'에 대해 고심하던 차였는데, 문득 자매님이 같은 동에 사는 다섯 신자의 임종과 장례절차를 도운 일이 생각났다. 자매님이 들려주는 생생한 체험 이야기를 들으면서 나는 '옳다구나!'하고 무릎을 쳤다.

2009년도 당시 72세인 골롬바(자매님 호칭 생략)가 현재 사는 집으로 이사를 오니, 같은 층에 94세 비비안나 할머니 자매님이 홀로 살고 있었다. 골롬바는 성당 반장을 맡고 있어 교우인 할머니에게 신경을 많이 썼다. 그렇게 할머니가 104세 될 때까지 10년을 이웃 자매님들과 함께 돌봐주었다. 골롬바가 미국 딸네집에 갔을 때는 아래층 사는 조금 젊은 할머니 두 자매님이 따뜻한 국을 끓여 들고 찾아가 주었다. 104세 할머니는 몸이 굽어 거의 기어다닐 지경이었기 때문이다. 골롬바는 104세 비비안나를 엄마처럼 생각하고 극진히 대했다. 돌아가실 즈음에는 귀가 어두운 비비안나에게 골롬바가 큰소리로 말하자 "왜 소리는 지르냐?"며 골롬바에게 외려 소리를 지르는 통에 가까이 가질 못했다. 대신 조금 젊은 할머니 두 자매님이 돌봐주었다. 그래도 골롬바는 할머니의 집 현관문을 잠그지 않게 하고 아침마다 살며시 들여다보면서 살아있는 걸 확인하곤 했다.

임종이 임박한 날이었다. 골롬바는 비비안나가 죽은 듯 고요해 가까이 가서 살펴보니 고부린 채 살아있었다. 그렇더라도 곧 운명할 것 같아 반듯하게 뉘었는데, 그때 구부러진 팔을 펴주지 못한 것이 끝내 후회되었다. 염할 때 골롬바가 들어가서 보니 비비안나의 구부러진 팔을 펼 때 딱딱 소리가 났기 때문이다.

어쨌든 골롬바는 구역장과 함께 비비안나의 임종을 지켜봤다. 하마터면 고독사할 뻔한 일이었다. 임종한 다음에 갔으면 싸

늘한 주검을 봤거나 며칠 뒤였다면 시신은 훼손된 채 발견되었을 것이다. 신앙 공동체 역할이 중요하다는 것을 방증했다. 골롬바가 반장이니 관심을 두고 들여다봤고, 또 계속 봐왔기 때문에 임종 과정을 놓치지 않았다. 104세 어르신이 임종하자 골롬바는 후속 절차도 일사천리로 진행했다. 여덟 시에 임종한 후 바로 성당에 알렸다. 하지만 본당은 이미 다른 임종자로 빈소가 없었다. 골롬바는 연락망을 돌려 다른 성당 연령회장에게 전화했다. 그곳에서 영구차를 보냈고 그 성당에 빈소를 마련해주었다. 직접 주민센터에 가서 사망신고하고 신고서를 챙긴 골롬바는 장례미사가 끝나고 화장터에 가서 사망신고서를 제출했다. 그리고 화장한 유분을 종이에 싸서 담은 작은 나무통을 받아, 화장터 직원이 일러준 대로 유골을 쏟는 장소에 가서 부었더니 유분은 아래로 내려갔다.

현대 사회가 처한 현실과 달리 많은 노인이 '좋은 죽음'의 장소로 생각하고 원하는 곳은 집'이라는 통계를 봤다.

104세 비비안나 어르신은 마지막까지 집에서 살았다. 임종하기 전 열흘 동안 병원에 입원했을 때는 이웃 교우가 교대로 간호를 해줬다. 열하루 만에 퇴원한 어르신은 이웃의 돌봄으로 집에서 임종했다. 장례도 잘 치렀고 임대 아파트 정리는 조카딸이 했다. 세상에 남김없이 너무도 깔끔히 마무리되었다. 모든 것이 잘 받쳐주었다. 104세 할머니의 죽음이 바로 '인간적인 죽음'의

모델일 것이다. 골롬바 자매님이 사랑과 책임의식을 갖고 공동체와 함께했기에 가능했다. 이것이 바로 자신을 선물로 내어준 사랑이지 않을까?

골롬바 자매님은 85세 평생의 세월만큼 많은 죽음을 봐왔다. 자매님은 104세 할머니의 말기 삶과 임종 과정 그리고 장례절차를 거쳐 화장과 유분 처리까지 직접 하면서 무슨 생각을 했을까. 삶이 얼마나 찬란한가! 그리고 빛처럼 짧은 것을 알았기에 주어진 삶에서 열정적이었나 보다. 그래서 사별한 후 40년이 지났지만, 더 늦기 전에 사랑을 선택한 삶을 사는 것이다. 오늘을.

노년의 삶은 무엇인지 죽음을 인식하는 것은 어떤 것인지를 잘 표현한 글이다.

노년의 일과는 고독을 견디는 것.
고독 속에서 나를 발견, 내가 어떤 인간이었는지.
어떻게 태어났고 그 삶에는 어떤 의미가 있는지.
그것을 발견하고 죽는 것이 인생의 마지막 목적지다.
그렇게 되기 전부터 그렇게 되었을 때를 생각하는 것.
죽음을 인식하는 그 순간부터 죽을 때까지 해야 할 일이 눈에 보인다.

고독과 절망은 인생의 마지막이 되어서야 맛볼 수 있는 경지.

(소노 아야코의《나이 듦의 지혜》중에서 정리한 글)

'영적 돌봄' 속에서 어떻게 죽음을 맞이할까

"우물쭈물하다가 내 이럴 줄 알았어."

작가 버나드 쇼 묘비명이다. 처음엔 '풋' 웃었지만, 사실 웃고만 넘길 남의 일이 아니다. 언제일지 모를 한 번은 찾아올 죽음을 어떻게 맞이해야 할까? 죽음을 준비한다는 것은 가능할까? 어느 정도는 가능하다고 생각한다. 사는 동안은 당사자의 몫이 크다. 하지만 임종 과정은 자신의 의지가 아닌 타의에 의해서 죽음이 마무리된다. 뜻대로 되지 않았을 때를 받아들이는 것도 진정 죽음을 맞이하는 태도일 테다. 많은 사람의 죽음을 가까이 겪으면서 '개인의 죽음에 관하여' 몇 가지를 생각했다.

죽어가지만 자신에게 일어나는 모든 것을 알려주길 원하는 환자가 있다. 호스피스에서 임종한 '어르신' 경우가 그랬다. 또는 자신이 시한부임을 모르는 상태에서 죽음을 맞고 싶다는 사람도 있다. 저마다 다르다.

나는 병이나 사고로 병원에 실려 가든, 노환으로 천천히 죽음에 이르든 어떤 경우에도 연명의료를 받지 않겠다는 '사전연명

의료 의향서'를 작성해뒀다. 물론 생각이 바뀌면 수정도 가능하다. 96세인 어르신의 구술자서전을 쓰기 위해 인터뷰하는 내게 꼭 써 달라던 말이 기억난다. "얘들아, 늙은 사람은 죽을 때가 되면 못 넘기고 넘어와 버려. 그러면 싹 닦고 가만히 놔둬. 못 먹으면 9일 만에 죽어요. 옛날부터 그래요. 어차피 죽을 사람, 병원에 가서 호수 꽂아 놓고 그러면 안 돼. 지들도 못 살고 나도 고통스럽고."

현재 법적 연명의료에 속한 것 이외 수분과 영양공급은 가장 어려운 문제다. 수분과 영양공급은 인간이 마지막까지 돌봄을 받아야 할 부분이다.

그밖에 생명 유지를 위한 조치가 인간으로서 마지막까지 받아야 할 돌봄인지 자연사를 거스르는 의료처치인지는 의사가 양심에 따라 분별하고 판단해야 할 몫으로 남는다. 따라서 개인의 정체성을 훼손하지 않는 인격적 죽음을 이해하고 수용할 따뜻한 마음을 가진 의사를 만나는 것도 행운이다.

그렇다면 죽음을 맞는 장소는 어디면 좋을까? 평소 살던 집이려면 가족의 돌봄만으로는 어렵다. 국가와 지역공동체 역할이 절대적으로 필요하다. 지역 사회복지사의 시스템 관리하에 직업윤리가 있고 인품이 좋은 요양보호사의 돌봄이 중요하다. 그리고 적절한 의료처치가 매우 중요한 방문의료 서비스는 임종할 때까지 연계가 잘 돼야 한다. 그러면 마지막 법적인 문제는 수월하게 처리된다. 죽기 전, 남은 가족이 자신의 죽음으로 인해 정신으로든 경제로든 불안과 상처, 고충을 떠안지 않도록 유종의 미를 거두는 삶의 태도가 결국 죽음을 잘 준비하는 일이다.

여덟 살 어린 딸을 세상에 남기고 떠나야 했던 연이엄마는 죽음을 맞는 순간까지 묵주를 손에서 놓지 않고 간절한 마음으로 기도했다. 세상에서의 한계를 받아들이고 딸의 앞날과 자신을 온전히 하느님께 내어 맡기고서 고요히 하늘나라로 갔다. 호스피스에서 모녀의 너무 슬프지만 아름다운 이별은 엄마가 마지막 순간까지 영적靈的 감각으로 딸에게 최선을 다했기에 평온히 죽음을 맞이한 본보기가 되었다.

다가오는 죽음 불안에 시달리지 않고 평안한 죽음을 맞이하기 위해 우리는 스스로 영적 돌봄을 놓지 않아야 한다. 그러려면 자신이 존재하는 의미가 분명하고 타인과 연결되고 초월적(이타적) 사랑에 눈을 뜨는 것이 중요하다. 죽음 앞에서 인간은 누구나 나약한 존재임을 깨닫고 자신을 적극 내어주어 영성이 충만한 돌봄 속에서 죽음을 맞는 것 또한 행운이라 생각한다. 어떤 장소에서 임종하든 죽음이 임박해올 때 임종 기도 속에서 축복받으며 숨을 거두는 것은 은총이리라. 생각해보니 호스피스에서 어르신의 임종 때, 아버지가 소란스러운 것을 싫어했을 거라는 아들의 말이 이해가 됐다. 임종자는 많은 사람으로 어수선하지도 적막하지도 않은 분위기에서 저세상으로 넘어갈 동안 온전히 순간을 집중하는 것이 필요하리라.

만약 믿을 만한 요양원에서 생애 말기를 보낸다면 그곳에서 죽음까지 맞이하는 것도 나쁘진 않다. 죽음이 임박해서 갑자기 병원으로 옮겨져 중환자실이나 격리실 형광등 불빛을 받으며 고립된 채 마지막 순간을 맞는 임종자들을 지켜보며 안타까웠다. 환자가 머문 안정적인 자리에서 편안한 마음으로 임종을 맞이하도록 배려하는 것도 중요하다고 본다.

완화의료 호스피스병원에서 죽음을 맞이할 경우, 본인이 경황없다면 가족은 완화의료와 호스피스의 역할을 알고 정서나 신체 그리고 사회적, 영적 돌봄이 잘 이뤄지는지 확인하고 요구했으면 좋겠다. 이벤트성이거나 타성에 젖지 않은 총체적이고도 세심한 돌봄을 받는 것이 중요하다. 까딱하다간 그저 죽음을 기다리는 곳으로 느껴질 수도 있으니까. 삶을 정리하면서 죽음으로 완성에 이르는 것이 아니라 죽음 불안과 공포에 시달리는 것은 끔찍하게 두려운 일이다.

죽음에 이르는 시간은 차분한 분위기에서 가족과 지인들과 인사를 나누면 바람직하다. 마지막 순간까지 살아있는 인격체로 존중받으며 찾아온 사람들은 비통한 감정 없이 진심으로 친절히 대해주고, 화해와 용서와 사랑을 나누는 시간이 되면 좋겠다.

암으로 견디지 못할 통증에 시달리는 환자에게는 의사의 처방에 따라 진통제를 받아들이는 것은 불가피하다. 보통 사람으로선 상상하기 힘든 고통에 시달리며 잠 한숨 못 자는 환자들을 봤다. 이들에겐 통증 완화제가 절실하다. 하지만 노환으로 임종할 경우는 마약성 진통제로 인해 의식을 잃는 일 없이 임종 고통을 그대로 느끼며 눈을 감는 사람도 있다. 프랑스의 가톨릭 수도자 성인聖人 소화小花 데레사((Sancta Teresia, 1873~1897)는 젊은 나이에 죽었지만, 죽음 앞에서 잠시 불안한 순간을 맞을 때 다음과 같이 말했다.

"죽음을 두려워할까 봐 그게 두려워요…. 하지만 그것 이외에는 두려울 것이 없어요. 장담해요! 삶에 대한 회한은 없어요. 오! 전혀요. 단지…. 영혼과 육신의 신비스러운 분리, 그게 도대체 무엇일까요? 처음으로 그런 의문을 갖게 됩니다. 그렇지만 좋으신 하느님께 온전히 의탁하겠다는 마음은 늘 한결같아요."*

그러면서 이런 말씀도 남겼다.

"십자가에 매달리신 주님께서는 번민과 고뇌 속에서 돌아가셨어요. 그렇지만 사랑으로 죽어간 가장 아름다운 본보기가 되셨지요…. 사랑으로 죽는다는 것은 격정과 흥분 속에서 죽어가는 게 아닙니다. 지금 제가 겪고 있는 시련이 사랑으로 죽어간다는 것의 증거라고 생각해요."**

---

* 《성녀 소화 데레사 자서전》 성녀 소화 데레사 지음, 안응렬 옮김, 가톨릭 출판사, 499쪽

성인은 임종에 이르는 고통을 온전히 느끼고 받아들이는 과정에서 죽음의 의미를 깨닫지 않았을까. 임종 끝에선 신비로운 미소를 지은 채 다른 삶으로 넘어갔다.

특수한 상황을 제외하고 태아는 산모의 좁은 산도를 통해 힘겹게 세상에 나온다. 다시 돌아갈 때도 임종 고통을 통과하는 것이 생명의 자연스러움이라고 생각한다. 임종 고통을 잘 통과하려면 평생 어떤 삶을 살아야 가능한 일일까.

만약 임종 전 불가피하게 마약성 진통제로 의식을 잃을 가능성이 생긴다면 미리 환자에게 알려 세상과 마지막 인사를 할 준비가 되었음을 확인하고 투여하는 것이 환자를 위한 최선의 배려라고 생각한다.

위의 글처럼 죽음을 맞을 때 개인의 바람을 평소 가족에게 말하고, 미리 글로 적어두면 좋겠다.

한번은 혼자 사는 어르신 집으로 가서 세 시간씩 이틀 동안 돌봄을 한 적 있었다. 그때 몸이 불편한 어르신이 주변 자원을 지혜롭게 활용하는 모습은 상당히 흥미로웠다. 치과나 마트에 갈 일 등을 꼼꼼히 메모해 두었다가 요양보호사가 왔을 때 외출 도움을 받았다. 이동할 때는 미리 복지 차량을 시간에 맞춰 불

** 같은 책 522쪽.

러 적절히 이용했다. 이러한 모습에서 앞으로 혼자 사는 노인들도 생애 말 자기돌봄의 삶과 죽음을 본인이 준비해야 할 필요성과 가능성을 봤다. 앞서 말했듯 '우물쭈물하다가' 돌이키지 못하는 마지막 시간을 비인간적으로 마친다면 비통한 일이지 않은가!

하지만 실제 상황에 놓였을 때, 모든 노력에도 어쩌지 못할 일은 남은 사람들에 의해 순리대로 흘러가기를 바랄 일만 남는다.

2022년 12월 9일 나는 '우측(귀) 감각신경성 난청'이라는 진단명으로 골전도 보청기 이식수술을 받았다. 오른쪽 보청기를 통해 왼쪽 귀로 소리가 전달되어 오른쪽에서 나는 소리도 들리게 된다. 수술한 당일만 입원하고 다음 날 오전에 퇴원예정이라 가벼운 마음으로 수술 대기실에서 기다렸다. 몇 년 전에도 대장 제자리암종 0기를 천운으로 발견하여 수면마취로 수술한 경력자로서 조금 안심했던 모양이다.

하지만 이번엔 달랐다. 차가운 수술대 위에 몸을 뉜 채 호흡기를 씌우고 숨을 크게 들이마시고 내쉬라는 지시에 따라 두어 번 호흡하는데 순간 '아, 뭔가 아니다. 히힝…히잉…히…' 두려움 속에서 의식은 멀어졌다. 전신마취로 수술이 끝나고 의식이 깬 나를 병상에 실어 입원실로 이동하였다. 내 왼쪽 눈가에 눈물이 젖어 있길래 스스로 닦아내며 병상을 끄는 사람에게 "제가 왜 울었을까요?" 나지막이 묻곤 이내 침묵 속으로 잠겼다.

의식이 돌아온 후 처음 느낀 감정은 '슬픔'이었고 '죽음의 과정은 누구도 피하지 못한다'는 생각에 압도되어 온몸이 눌렸다. 내 마음은 '깊은 어둠'에 갇혀 온종일 나락으로 빠지는 우울 증상이 나타났다. 더 늦기 전 아이들에게 울면서 내 잘못을 고백하며 용서를 구했다. 한 번도 보이지 않은 엄마의 모습에 아이들은 놀랐고 걱정을 하며 위로해 주었다.

내가 직면한 죽음은 어두운 슬픔이었다. 분명 언젠가는 죽음은 피하지 못한다는 것. 절망이었다. 그러면 그 두려움 때문에 사는 동안 어떻게 살아낼 수 있을까… 의미, 의미가 있어야 했다. 사는 의미가 있어야 했다. 사는 날까지 '나'라는 사람이 살아야 할 가치가 있어야 했다. 그리고 한 번도 경험하지 못한 미지의 세계로 들어갈 절대적 고독의 시간이 왔을 때 영적 감각이 죽음의 문턱을 잘 넘게 해줄 거라는 생각에 비로소 안심되었다.

무엇으로부터 위로를 얻으며 의연하게 죽음을 마주하고 받아들일 것인지… 늘 죽음을 기억하며 삶에서 활짝 핀 꽃처럼 하루를 차곡히 살아야겠다. 인간적인 죽음으로 삶을 완성하기 위해.

✕ 감사의 글

2022년 12월 2일 오후. 수정과 보완을 거쳐 겨우 완성한 원고를 들고 도미니코 어르신의 부인을 만나러 갈 때 두근거리는 마음을 어떻게 표현할까요. 물론 도미니코 어르신은 호스피스에서 죽어가는 자신의 모습을 글로 남기라며 제게 허락해 주셨지만, 기록에 충실한 글일지라도 원고가 완성될수록 행여 내용 중 가족분들에게 누가 되면 어쩌나 하는 불안감이 들기도 했습니다. 어렵사리 마음먹고 원고를 챙겨 어르신의 부인을 향해 조심스럽게 발걸음을 뗐습니다. 평생 약국 운영을 해온 부인이 약국 문 사이로 보였을 때, 걱정은 사라졌습니다. 반갑게 맞아주신 부인은 출간 허락을 기꺼이 해주시고 미리 드린 원고를 하룻밤 사이 다 읽고, 다음날 제게 전화를 걸어 "너무 감사합니다. 뭐라 말할지…. 사랑이 없으면 못 할 일이지요…." 말을 잇지 못하고 감사한 마음을 전하는 모습에 '아, 이 기록을 남기길 잘했구나' 하는 안도감이 들었습니다.

지면을 통해 책이 나오도록 허락해주신 도미니코 어르신의 부인께 감사드립니다. 22일 동안의 기록 속에 살아 숨 쉬는 그분은 저세상으로 가셨기에 가족분들 동의 없이는 결코 이 책은 나오지 못했을 겁니다. 여러 정황을 살폈다 해도 기록하는 자의 시각에서 쓴 글이 누군가는 상처를 받을 수도 있기에 '나'가 아닌 '타인'의 기록은 어렵습니다. 내가 느끼는 진실이 한쪽에서는 다른 시각으로 말할 수도 있기 때문입니다.

도미니코 어르신의 부인께서 떳떳하게 '이 책에 담긴 내용이 네 아버지의, 네 할아버지에 관한 글이란다' 이렇게 말할 수 있는 책이 되어 정말 기쁩니다. 그러기에 이 책의 출간을 허락해주신 도미니코 어르신의 부인께 다시 고개 숙여 감사드립니다.

그리고 널리 읽힐 '보편성'을 지닌 글로 거듭나도록 틀을 잡아준 세 사람이 있습니다. 초고를 읽고는 냉철히 분석하고 호된 충고를 아끼지 않은 이용준 군에게 감사합니다. 좋은 글은 비판을 감수하며 거듭 고치고 수정하는 가운데 좀 더 '가치' 있는 글이 나오는 것임을 경험했습니다. 그런 점에서 저의 잠재된 생각을 원고에 충분히 반영되도록 도와준 멘토프레스 이경숙 대표님에게 감사합니다. 모든 것이 자본주의 생리 속에서 돌아가는 이 시대, 인간은 무엇을 위해 살고, 어떻게 죽을 것인가 끊임없이 철학적 생각을 공유하는 과정에서 내용은 정리되어 갔습니다.

또 이 책이 보편성을 향해 완성되도록 부드러운 카리스마로 결정적 안내를 해주신 정재우 가톨릭대학교 생명대학원장님, 진심을 다해 존경합니다. 타인의 이해와 배려가 녹아 있는 인간적인 글, 그런 글을 쓴다는 것은 결국 '인간적인 죽음을 위하여' 자신을 먼저 내어주고 배려하는 이타적 사랑의 관점과도 같은 면이 있다는 것을 배웠습니다. 또 한 분, 이 책이 호스피스 완화의료 시스템과 환경 구축에 귀한 자료가 될 것이라며 가치를 인정해주신 이명아 교수님께도 감사드립니다. 마지막으로 늘 뒤에서 든든하게 격려해준 이용성 군, 감사합니다. 그리고 정신이 피폐할 때조차도 저를 그대로 지켜봐주신 하느님께 감사드리며 지면에 일일이 소개하지 않은 도움주신 분들을 기억하며 감사드립니다.